A级旅游景区提升规划与管理指南

大地风景国际咨询集团
中国旅游报社　编著

中国建筑工业出版社

编委会

序

　　进入21世纪以来，中国旅游业发展出现了前所未有的崭新局面：旅游业不仅仅牵涉内部结构变化，由观光旅游一枝独秀逐步进入观光游览、休闲度假、商务会展三驾马车齐头并进的局面，而且在十八届三中全会以后，旅游业已经被高层和地方政府视为实现区域产业结构调整、创造更多就业机会、实现旅游导向型城镇化的重要抓手。

　　旅游业之于区域发展越来越重要。那么，旅游景区在其中扮演什么角色呢？首先我们需要解释一下景区的概念在中国最近几十年里发生的变化。过去讲景区，或风景区，或风景名胜区，重点在景，景就是视觉上的概念，就是通过看来获得体验，对应的旅游供给就是观光旅游活动所需的场所。但是后来情况发生了很大变化，人们出门旅游，不仅要去景区看，也想到海边或小镇静静地待着，享受悠闲和恢复健康，度假旅游需求促进旅游度假区的产生，景区的含义就衍生到度假地了。与此同时一批靠近大城市满足人们娱乐需要的主题公园、主题景区、创意景区、旅游综合体也不断出现，这类靠创意、靠大笔资金投入、人为专为娱乐而产生的创意景区进入了景区的概念体系。随着城市化进程加快，城市化人口增加，城市生活压力加大，怀旧的人群、希望回归田园的人群也在不断扩大，一到周末和假期便想驱车到乡村地区透透气、喝喝茶、养养生、度度假的人不断增多，原先根本不入游客法眼的普通、淳朴、传统的村落和田园，也就自然而然地成了景区大家庭的新的一员。上述不同类型的景区，覆盖面如此之广，对地方旅游经济发展来讲就是最重要的吸引物和生产基地。一个旅游目的地如果在旅游景区上搞不定市场，形不成力量，那么你有再便利的交通、再好的接待设施也无济于事，可以说旅游景区是一个城市、一个区域之所以能够成为目的地的最为关键的因素，至少对于愉悦型旅游目的地来讲是这样。

景区的基本功能之一就是满足旅游者对于观光、教育、休闲、度假、养生等的不同需求，因此在学术界和业界，就会加上旅游二字，成了旅游景区。旅游景区这一概念，已经不同于建筑、城规、风景园林、地理、生态等角度的理解，更加强调了人、特别是游人的重要性。旅游景区的一个核心，就是为旅游者的需求而设计、而营销、而管理。旅游景区有两个特点，一个是车间、一个是商铺，严格说车间与商铺合二为一、空间叠合。商铺的东西销售得好不好，要看游客买不买账，这一点不难理解，现在需要提醒读者注意的是，车间里从事生产的不仅包括旅游景区的所有者和管理者，也包括前来探访的旅游者。基于这样的理解，旅游景区以游客为核心构成的重要性、复杂性和广泛关联性就凸显出来了。

旅游景区的成败取决于能否吸引游客、服务游客、满意游客，因此旅游景区的规划、管理与营销就有其很强的专业特点。需要一系列对应的理论支持与运营框架支撑。从服务质量来讲，需要基本的结构要素，对这些要素的存在状况与水平高低的测定和评价，可以为管理者和旅游者提供一个衡量的标准，追求的目标。因此从本质上来看，A级旅游景区其实就是人为设立的管理与评价标准。为了从理论上和技术上实现某个程度的目标，旅游景区需要按照一定的规范与框架来比照、改进、完善其中一些不足的地方。《A级旅游景区提升规划与管理指南》的目的，就是为景区管理者提供这样一种理论框架与技术操作的指导借鉴工具。

本书是在大地风景国际咨询集团和中国旅游报社多年战略合作基础上集体创作的成果。大地风景近些年来，承担多个旅游景区的策划、规划、设计和运营管理工作，参与了多项景区管理理论研究和实际运作工作，案例及思考厚积薄发、蓄势待发、随境而发。中国旅游报社连续多年举办中国旅游景区管理人员培训工作，与各类旅游景区建立了紧密的管理与营销合作关系，对旅游景区的需求、特点、营销等业务也积累了丰富的经验。相信双方的共同努力和倾情奉献得到的这样一本理论结合实际、知行合一的小册子，能够给读者带来较为丰富的营养。这一点，是我乐意给大家推荐这本书的主要理由。

我已经为这本书点了一个赞，也期待大家能为这本书点赞。当然，作为参与过这本书的大纲研讨过程的人之一，我更欢迎大家能够提出宝贵的批评意见，以便于我们再版时或在实际研究工作中加以提高改进。

是为序。

黄卫东

2015年4月10日

北京，盘古大观写字楼31层

目录

第一篇
A级旅游景区提升规划

第1章　旅游吸引物与旅游景区概述

1.1　旅游资源、旅游吸引物与旅游景区

1.1.1　旅游资源

旅游资源（tourism resource）是一个带有强烈中国本土色彩的概念，我国学者在长期的旅游理论与规划实践工作中并没有形成较为统一的关于旅游资源的定义。国家旅游局在2003年5月出台的《旅游资源分类、调查与评价》中将旅游资源定义为自然界和人类社会凡能对旅游者产生吸引力，可以为旅游业开发利用，并可产生经济效益、社会效益和环境效益的各种事物和因素。保继刚（1993）认为："旅游资源是指对旅游者具有吸引力的自然存在和历史文化遗产，以及直接服务于旅游目的人工创造物。"张勇（2010）在前人研究的基础上指出："旅游资源是指客观存在于一定的地域空间，具有愉悦价值和旅游功能，能够吸引人们产生旅游动机，并可能被利用来开展旅游活动的所有自然存在、历史文化遗产和社会现象。"谢彦君（2011）提出："旅游资源是先于旅游而客观存在于一定地域空间并因其对潜在旅游者所具有的休闲体验价值而可供旅游产业加以开发的潜在财富形态。"旅游资源定义的差异性和复杂性来源于旅游业是一个不断处在动态和发展过程中的产业系统，随着社会发展进化，旅游资源的范围和种类随着旅游业向纵深层次拓展并不断扩大（郭来喜、吴必虎，2000），很多以前未注意到的事物和因素很可能逐渐转化成旅游资源，如以前未曾注意过的极地探险、登月体验、太空遨游等。

1.1.2　旅游吸引物

在西方学者的研究中，与旅游资源相对应的一个概念是旅游吸引物

（tourism attractions），但由于中西方发展环境与阶段的差异，旅游资源与旅游吸引物并不是一个完全对等的概念，旅游吸引物的内涵更为广泛。西方以利珀（N.Leiper）为代表的学者认为旅游吸引物更应该被引申为旅游吸引物系统，他认为："旅游吸引物系统包含了三种成分，旅游者或人的要素，核心吸引物或中心要素，以及标识信息或提供信息的要素，当这三种要素合而为一，旅游吸引物就开始存在。"西方关于旅游吸引物系统的理论深刻地影响了我国学者的研究。保继刚（1993）指出："旅游吸引物通常指促进人们前往某地旅游的所有因素的综合，它包括了旅游资源、适宜的接待设施和优良的服务，甚至还包括了快速舒适的旅游交通条件。"谢彦君认为："旅游吸引物的外延远远大于我国普遍使用的旅游资源，旅游吸引物以旅游资源为核心，包含了旅游产品、旅游接待服务与设施，旅游者和旅游标志物。"

1.1.3 旅游景区

《旅游景区质量等级的划分与评定》（修订）（GB/T 17775—2003）中将它定义为"以旅游及其相关活动为主要功能或主要功能之一的空间或地域"。旅游景区的构成包含三个基本条件：一是以满足旅游者出游目的为主要功能，包括参观游览、休闲度假、康乐健身等；二是具备相应旅游服务设施并提供相应旅游服务的独立管理区；三是管理区应有统一的经营管理机构和明确的地域范围。旅游景区一般是基于各类自然或历史文化资源发展演化而成，经县级以上（含县级）行政管理部门批准成立的独立单位。

由此可见，旅游资源、旅游吸引物及旅游景区是三个高度相关的概念，相对而言旅游资源强调的是一种现实存在，旅游吸引物和旅游景区则是经过市场开发以满足游客某种需求为导向的综合系统。简单来说，旅游资源是旅游吸引物的核心内容，是"可以形成旅游吸引物的资源"（宋子千，2006），更是旅游景区开展各项旅游活动的重要载体和现实基础。旅游吸引物的构成除了通常所说的旅游资源以外，还包括吸引旅游者的接待设施和服务等，在特定条件下，设施和服务本身也能转化成为旅游吸引物，如主题公园内的大型演出活动、文化服务等。在旅游规划中，可以将旅游吸引物看成是狭义的旅游产品，有时它还可以粗略地等同于通俗意义上所说的旅游景区（吴必虎，2010）。

1.2 旅游景区提升规划的必要性

1.2.1 旅游资源稀缺性

1. 资源稀缺理论

资源稀缺是起源于经济学的理论，1789年马尔萨斯在《人口原理》一书中提出资源具有物理数量上的有限性和经济上的稀缺性，随后著名经济学家大卫·李嘉图提出人类的生产和生活活动会使自然资源的质量发生变化，但资源的总量是一直保持不变的，因此不存在资源的绝对稀缺，但会因资源质量的下降而出现相对稀缺。在此基础上，现代资源稀缺理论认为人类对环境资源的过度开发和利用，造成环境质量的日益下降，使得环境资源的相对稀缺越来越严重。

2. 旅游资源稀缺性

在资源稀缺理论系统下，旅游资源的稀缺性主要表现为游客无限的消费需求和旅游资源有限性之间的矛盾。随着社会经济的发展，在居民旅游刚性需求持续高涨的刺激下，我国许多景区在发展初期都以粗放的开发方式来抢占市场，旅游景区以超越自身资源承载能力和供给能力的状态运转，长期超负额的运转对旅游景区的生态稳定性和环境质量造成了极大的破坏，并最终会导致以旅游资源为核心吸引力的综合市场竞争力下降，严重制约了旅游景区的可持续发展。

1.2.2 景区发展中面临的质量问题

1. 景区现状概述

按照《旅游景区质量等级的划分与评定》的划分，我国景区的主要类型包括风景区、文博院馆、寺庙观堂、旅游度假区、自然保护区、主题公园、森林公园、地质公园、游乐园、动物园、植物园以及工业、农业、经贸、科教、军事、体育、文化艺术等各类旅游景区。为了加强对旅游景区的管理，提高旅游景区服务质量，维护旅游景区和旅游者的合法权益，促进我国旅游资源开发、利用和环境保护，我国对旅游景区的质量等级进行了评定和划分，从高到低依次为AAAAA、AAAA、AAA、AA、A级旅游景区。截至2013年底，我国A级旅游区（点）已经超过万家，其中5A级景区（点）175家，4A级景区（点）千余家。

2.景区面临的质量问题

伴随着旅游业30多年的发展历程，我国已经进入大众化旅游时代，而在传统开发模式下建立起的旅游景区开发路径，既不能解决景区资源保护与经济开发之间的矛盾，又无法很好地满足游客日益增长的个性化与品质化的旅游需求，景区发展过程中的种种质量问题日益尖锐。

（1）旅游形象趋同：旅游的本质在于满足游客追新猎奇的心理需求，因此旅游吸引力是决定景区竞争力的核心要素。提升景区核心吸引力的关键就在于立足本土自然资源优势，深度挖掘文化资源内涵，打造类型丰富、特色鲜明的旅游产品体系。然而景区同质开发、重复建设、形象不突出在我国却是普遍存在的现实问题。一样的古镇，一样的海岛与沙滩，一样的农家乐在全国各地比比皆是，"千景一面"的旅游形象不仅降低了自身在竞争中的辨识度，更让大量游客在选择国内旅游产品时出现了审美疲劳，纷纷转向国外市场寻求更新奇更高品质的旅游体验。

（2）旅游资源破坏：当前我国旅游景区仍然处在以追求经济收益为第一目标的发展阶段，重发展轻保护，大多数景区都存在超越环境容量承载力的经营行为，资源的无序开发、过度利用等十分普遍。大量外来游客的涌入，不仅加剧了景区脆弱的自然环境的生态失衡，也对目的地市场的文化环境造成不同程度的侵袭，并直接导致景区特色流失、旅游产品品位及景区整体形象下降。集中表现在以下几个方面：①短时间内密度过高的旅游活动会带来大量的垃圾遗留，对景区的空气、水体、植被等造成损害；②无规划、无指导的盲目开发催生大量与景区整体环境和文化风格不符的建筑物产生；③过度商业化的运营方式，造成景区核心吸引力——原生文化元素的丧失。

（3）旅游商品同质："购"是旅游活动的重要因素之一，是广大游客的普遍需求，也是景区提高经济收入的重要途径，在发达国家旅游购物所带来的经济收入约占景区旅游总收入的50%。然而，我国旅游商品的开发水平却并未与高速增长的旅游业和丰富的旅游资源形成正比。"旅游商品都是义乌造"形象地反映了我国游客无法购买到心仪旅游纪念品的无奈。景区主要流通的旅游商品品种单一，质量低劣，缺乏地方特色和创新设计，大量景区售卖的旅游商品会跨越千里出现在客源地的商场和超市，这样的旅游商品开发现状当然也就无法充分释放游客的购买能力。

（4）旅游服务危机：旅游服务是旅游活动顺利进行的必要前提，是游客满意度的重要影响因子，在旅游业发展的高级阶段也可转化成为旅游吸引力的重要组成部分。近年来，在我国黄金周旅游高峰期，突发性危机事件时有发生，游客与景区管理人员之间的冲突也屡见不鲜，这些都是景区服务质量较低的表现。景区服务危机主要涵盖：①景区配套服务设施不完善，无法为游客提供舒适、便捷、高效的旅游服务体验；②旅游服务从业人员专业素养不高，服务态度差，不具备提供专业旅游服务和应对突发事件的能力；③景区管理混乱，缺乏有效的服务监管和投诉部门。

1.2.3 旅游提升规划紧迫性

旅游资源的稀缺性及现实经营中所面临的种种质量问题决定了我国景区需要探索一条环境更加友好，资源更加集约配置的发展道路，体现了当前我国景区需要旅游规划提升的紧迫性。虽然完全以地方区域市场为导向的景区开发方式能够带来短暂的经济利益，但它所带来的各种质量问题会严重影响景区的可持续发展。英斯基普（Inskeep）认为旅游规划是一种持续的、增长的、系统的、综合关联的，具有环境意识，强调可持续性和社区参与的概念，在实际过程中还同时强调对想象力和创造力的运用，以增强景区旅游系统的综合竞争优势。

旅游提升规划可以为景区发展提供科学性和前瞻性的战略指导，促进景区运营过程中各参与主体和要素的优势配置，以资源优势的重新梳理塑造特色鲜明的目的地形象，及时修正和规避旅游发展过程中出现的偏差和风险等方面问题，为景区不断注入新的发展活力。

1.3 旅游景区生命周期

1.3.1 生命周期基础理论

旅游地生命周期理论（Life Cycle of Attraction）的研究，可以追溯到克里斯塔勒（W.Christaller）在1964年对欧洲旅游地的研究，也有学者认为可以向前推进到1939年吉尔伯特（E.W.Gilbert）对英国海滨胜地成长过程的研究。目前公认的旅游地生命周期理论是巴特勒（R.W.Butler，1980）提出的S形旅游地生命周期演化模型。巴特勒指出旅游地的发展阶段一般经历6个时期，分别为探索阶段（Exploration）、参与阶段（Involvement）、发展阶段（Development）、稳定阶段（Consolidation）、滞长阶段（Stagnation）、衰落阶段（Decline）或复苏阶段（Rejuvenation）

1.3.2 不同阶段特征

旅游地在发展的不同生命周期阶段，表现出不同的特点和规律。

（1）探索阶段：游客数量少，访问模式不规则，具体的旅游设施基本没有。游客到来主要是受到独特的自然或文化特色吸引，对当地的自然和社会环境主要以适应为主，旅游地尚未因旅游而发生明显变化。

（2）参与阶段：旅游者人数开始增多，旅游活动有一定的组织和规律。政府和公共机构开始提供或改善交通和其他旅游相关设施，居民初步参与到旅游活动中，为游客提供简单的餐饮和住宿服务。

（3）发展阶段：具有明确的旅游市场，广告投放加大，旅游市场化趋势明显。原始居民提供的简陋膳宿设施逐渐被规模化、现代化的设施取代，原始景点被人为地补充完善，景区品质得到显著提升。

（4）稳定阶段：游客量持续增加，但增长率开始下降，旅游者数量超过永久性居民。旅游地区经济受旅游活动影响较大，大量涌入的游客和规模建设的旅游设施，使常住居民开始对旅游产生反感和不满。

（5）滞长阶段：旅游地自然和文化的吸引力被"人造设施"代替，

旅游地的良好形象在新兴市场下维持艰难。旅游环境容量达到饱和，社会、经济、环境等问题随之而来。

（6）衰落或复苏阶段：一种情况是旅游地无力与新兴景区进行竞争，进入衰退阶段。地区的旅游吸引力减小，活力消失，人们对旅游设施的吸引力产生怀疑，房地产的转卖率很高，旅游设施也大量消失，旅游地将变成"旅游贫民窟"，这表明旅游地已经衰落，失去了原有的生命力。另一情况则是旅游地通过增加人造景观，整合新的旅游资源等措施，对景区进行提升规划，发现和创造了旅游地新的吸引力，从而促进景区品质的进一步提升，进入复苏阶段。

1.3.3 旅游地生命周期理论延伸

在巴特勒生命周期理论的基础之上，国内外学者又对世界各地不同类型的旅游景区发展历程进行了诸多探索，他们基本赞同"起步—繁荣—衰退"是景区发展普遍适用的规律，但也提出了许多不同的发展模型。谢彦君（1995）认为需求、效应和环境这三种因素以不同的方式、作用强度和作用时间，对旅游地生命周期施加影响，并同时提出控制与调整旅游地生命周期的措施。邹统钎（1996）认为旅游地在实际发展过程中会受到许多目的地自身和外部因素的影响并随目的地的不同而不同，因此旅游地生命周期的规律并不能适用于所有的旅游地。有些资源优势并不明显的景区，在进入发展高峰期之后快速陷入衰退期；而有些资源品位较高的旅游地如世界遗产地或知名旅游目的地，经历了较长时间的发展，依然没有衰退的迹象；还有一些旅游地在进入发展稳定期之后，经营企业灵活把握市场动向，采取有效措施，以产品重新包装、形象提升、打造新的旅游吸引物等多个方面促进景区进入新的发展增长期（二次发展期）。旅游提升规划的意义就在于根据旅游景区各个发展阶段的不同特征，提出有针对性的提升策略和方案，不断提升景区的综合竞争优势，在延长景区发展稳定期的同时促进景区快速进入新的发展增长期（二次发展期）（图1-1）。

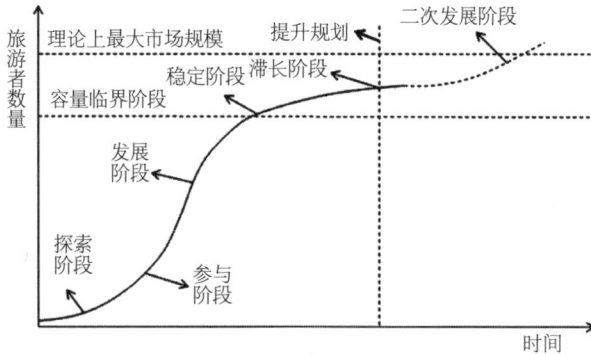

图1-1　旅游地二次发展生命周期曲线

来源：R.W.Butler.The Concept of a tourist area cycle of evolution: Implications for Management of Resources[J]. Canadian Ceographer，1980，24（1）.

1.3.4 提升规划成为旅游地二次发展的驱动力

影响景区二次发展的因素有很多，巴特勒认为旅游市场的重新启动可以通过创造新的人工吸引物或发挥未开发资源的优势来实现，杨振之（2003）在综合分析旅游地生命周期的各种变形发展模式的基础之上提出，对一个即将进入"稳定期"的旅游地而言，推出新的旅游产品，强化或重新确立旅游目的地形象，可以促进旅游地进入二次发展的快速增长期。由此可见，旅游整体形象升级和旅游产品更新是提升旅游吸引力，扩大客源市场的两大有效途径。

1.形象升级

旅游是一种预消费型产品，旅游资源的地域性和不可移动性决定了旅游地形象成为游客制定旅游消费决策过程中的重要识别因子和影响因子。一个与时代特征相符、特色明显的旅游目的地形象有利于景区获得更大的竞争优势，在众多的旅游产品中脱颖而出，强化游客出行的旅游动机，并最终促成旅游活动的完成。比涅（J.Enrique Bigné et al.,2001）指出旅游目的地总体形象的改善可以提高旅游者对目的地的质量感知和满意度，也有助于增强旅游者重游和推荐的意愿。旅游业作为一个处于发展变化过程中的动态产业，一直呈现出不断与新产业、新产品、新趋势相融合的发展态势，在旅游业发展初期"目的地就是旅游品牌"，具有资源优势的旅游目的地完全可以凭借自身在景观、气候、文化、民俗等方面的优势自我宣传和推广，然而在各项新事物不断涌现、信息更新速度不断加快的现代社会，旅游目的地品牌不仅需要更深刻的自然和文化资源整合提升，更需要建立多途径、多渠道的宣传推广体系。

2.产品更新

旅游产品是决定旅游景区对市场吸引力大小的关键因素，但任何一种产品的生命力都是有限的，因此旅游产品的更新对处在发展期、稳定期和衰落期的旅游景区都十分重要。一个景区的产品更新可以从两个方面入手：

（1）对原有旅游吸引物进行提升：旅游地可以通过对原有旅游产品进行提升，注入新的资金、更新设备，并对产品本身进行更新换代，旅游产品的"切换"可促进旅游产品生命周期进入下一轮生长周期（张丽、吴必虎）；法亚勒、加罗德（A.Fyall，B.Garrod）认为旅游产品的创新过程中资源、市场、区位3个要素相互制约，并指出对原有旅游产品改造的常用路径是"区位—资源—市场"。对原有旅游产品的改造升级可以从质量、功能、形态等多个方面进行，如提高景区服务水平，增加体验型旅游活动，包装产品形象等。

（2）创造新的旅游吸引物：伴随着社会经济的不断向纵深发展，旅游业也不断涌现出新的消费趋向。从全球范围的旅游发展历程来看，旅游业共经历了从"大众市场"、"简单细分市场"、"多层细分市场"及"个人市场"四大发展阶段，旅游消费需求也从以"无差别产品消费"逐步向更加深入、更加细分的产品消费需求转变。未来的旅游市场将会是一个需求更加多元、更加个性的时代，并且这种趋势会随着新兴事物的出现得到强化。因此，紧跟市场需求动向，不断创造新的旅游吸引物，丰富景区产品体系就显得尤为关键，每一个领域产品的创造都会赢得潜在的客源市场。

本章参考文献

[1]Leiper, N., Tourist attraction systems, in willian, S., ed., Tourism: The nature and structure of tourism[M]. Taylor &Francis, 1990：244-263.

[2]Christaller, W. Some considerations of tourism location in Europe: The peripheral region-recreation areas [J]. Papers in Regional Science,1964,12（1）:95-105.

[3]Gilbert, E. W. The growth of island and seaside health in England[J]. Scottish Geographical Magazine.1939, 55:16-35.

[4]Butler, R.W. The Concept of a tourist area cycle of evolution: Implications for Management of Resources[J].Canadian Geographer，1980，24（1）: 5-12.

[5]Fyall,A., Garrod, B., Leask, A.（eds）Managing Visitor Attractions: New Attractions[M]. Oxford: Butterworth-Heinemann. 2003.

[6]保继刚，楚义芳. 旅游地理学[M].北京：高等教育出版社，1993.

[7]张勇.旅游资源、旅游吸引物、旅游产品、旅游商品的概念及关系辨析[J].重庆文理学院学报（社会科学版），2010，29（4）.

[8]谢彦君.基础旅游学[M].北京：中国旅游出版社，2011.

[9]郭来喜，吴必虎.中国旅游资源分类系统与类型评价[J].地理学报，2000，55（3）.

[10]宋子千.论旅游的被吸引性与旅游资源概念[J].旅游学刊，2006（6）.

[11]吴必虎,俞曦.旅游规划原理[M].北京：中国旅游出版社，2010.

[12]邹统钎.旅游度假区发展规划[M].北京：旅游教育出版社，1996.

[13]杨振之.试论延长旅游地生命周期的模式[J].人文地理，2003，18(6).

[14]张丽，吴必虎.人造景观地区旅游产品的选择与切换——石家庄市正定人造景观旅游开发的实证研究[J].地理学与国土研究，1997（4）.

第2章　中国旅游景区质量等级划分与评定

2.1　A级旅游景区概念

2.1.1　国家对旅游景区的质量管理

为了加强对旅游景区的管理，提高旅游景区服务质量，维护旅游景区和旅游者的合法权益，促进我国旅游资源开发、利用和环境保护，国家旅游局2004年修订了《旅游景区质量等级的划分与评定》（修订）（GB/T 17775—2003）。随着景区的进一步发展和完善，结合新时期景区发展中出现的问题，国家旅游局又制定了一系列的标准和服务规法，包括《旅游景区公共信息导向系统设置规范》（LB/T 013—2011）、《旅游景区讲解服务规范》（LB/T 014—2011）、《旅游景区游客中心设置与服务规范》（LB/T 011—2011）、《绿色旅游景区管理与服务规范》（LB/T 015—2011）。

在这些景区管理标准和规范中，应用最广的是《旅游景区质量等级的划分与评定》（修订）（GB/T 17775—2003），这一标准对旅游景区、旅游资源、游客中心等都作了定义和规定，成为旅游管理的基本标准和规范。

2.1.2　A级旅游景区的含义

按照《旅游景区质量等级的划分与评定》（修订）（GB/T 17775—2003）规定，旅游景区质量等级划分为五级，从高到低依次为AAAAA、AAAA、AAA、AA、A级旅游景区，并且旅游景区质量等级的标牌、证书由全国景区质量等级评定机构统一订制。

5个级别景区的划分与评定主要依据3个标准，一是依据《服务质量与环境质量评分细则》对景区的旅游交通、游览、旅游安全、卫生、邮电、旅游购物、综合管理、资源与环境保护8个方面进行评价；二是依据《景观质量评分细则》对资源吸引力和市场影响力进行评价；三是依据《游客意见评分细则》对游客对景区的综合满意度进行评价。A级景区就是由旅游景区质量等级评定委员会根据以上3大细则从11个方面，对申报景区进行考评，根据得分情况设置评定等级。景区符合相关标准后，获得相应等级旅游景区质量等级评定委员会的认可，由相应评定机构颁发证书、标牌，即成为A级景区。

通常情况下，AAA级、AA级、A级旅游景区由全国旅游景区质量等级评定委员会委托各省级旅游景区质量等级评定委员会负责评定。省级旅游景区质量等级评定委员会可以向条件成熟的地市级旅游景区质量等级评定机构再行委托。AA级旅游景区由省级旅游景区质量等级评定委员会推荐，全国旅游景区质量等级评定委员会组织评定。5A级旅游景区从4A级旅游景区中产生，依照《旅游景区质量等级的划分与评定》国家标准与《旅游景区质量等级评定管理办法》，经省旅游景区质量等级评定委员会初评和推荐，由全国旅游景区质量等级评定委员会评定。

A级景区是在国家对全国景区实施标准化和规范化管理的基础上，经过相应评定机构依据以上三大细则认定的符合一定标准和条件的景区。

2.2 A级旅游景区评定标准体系解读

2.2.1 旅游景区质量等级标准沿革

现在旅游景区质量等级标准沿用的《旅游景区质量等级的划分与评定》（GB/T 17775—2003）是2004年《旅游景区质量等级的划分与评定》的修订版（标准编号和版本号均不变）将"旅游区（点）"统称为"旅游景区"，2004年10月28日发布，2005年1月1日开始实施，代替《旅游景区质量等级的划分与评定》（GB/T 17775—1999），主要修改如下：

（1）在划分等级中新增了AAAAA级景区。新增的AAAAA级主要从细节方面、景区的文化性和特色性要求；

（2）对原AAAAA级旅游景区的划分条件均进行了修订，强化以人为本的服务宗旨，AAAA级旅游景区增加细节性、文化性和特色性要求；

（3）细化了关于资源吸引力和市场影响力方面的划分条件。

从这些修改可以看出，旅游景区的管理已经开始重视"以人为本"、"细节"、"文化"等元素在景区建设中的运用。但随着时代的发展，2004年制定的这些标准，部分已经不适用当前的实际情况，对于此类情况，在呼吁进一步修订标准的同时，一般由评定专家根据"以游客为中心"的思想和原则酌情处理。如在标准中有对于景区公用电话、电话亭的数量的要求，但因为手机才是最普遍的通信工具，所以在实际评定中更看重的是移动信号质量、景区WiFi覆盖、手机充电设备等问题，弱化了标准中存在的不符合实际情况的项目。

2.2.2 A级旅游景区评定标准

《旅游景区质量等级评定与划分》国家标准评分细则共包括三部分，具体如下：

1.服务质量与环境质量评分细则（下称"细则一"）

细则一总分1000分，共有8个一级指标，从分值来看游览（235分）和综合管理（200分）两项分值最高，其他从高到低依次为资源和环境保护（145分）、卫生（140分）、旅游交通（130分）、旅游安全（80分）、旅游购物（50分）和邮电服务（20分）。在8大项中包含216个评分点，从细节上又对八大项进行了细分，其中，停车场（30分）、游客中心（70分）、标识系统（49分）、游客公共休息设施和观景设施（26分）、安全设施设备（27分）、废弃物管理（40分）、垃圾管理垃圾箱（35分）、厕所（65分）、规划（25分）、旅游景区宣传（37分）、电子商务（30分）、区内建筑及设施与景观的协调性（36分）又成为申请创A中的重点工程，也是最重要和最容易失分的地方。因此，在细则一中既对景区的大项进行了规范，同时更在细节上进行了要求，尤其是对于创5A级景区来说，总分要求达到950分，因此每一个细节都是至关重要的。

2.景观质量评分细则（下称"细则二"）

细则二分为资源要素价值与景观市场价值2大评价项目，9项评价因子，总分100分。其中资源吸引力为65分，市场吸引力为35分。各评价因子分4个评价得分档次。从分值来看，观赏游憩价值最高，其次是历史文化科学价值、珍稀度、规模、知名度、市场辐射力等。从细则二可以看出，景观质量不仅仅是指科学价值，更要求科学价值在旅游开发中的应用，这里的景观通常是指具有旅游开发价值的资源要素，更加注重资源的可利用性和市场性。

3.游客意见评分细则（下称"细则三"）

细则三总分100分，依据《旅游景区游客意见调查表》的得分对游客对该景区的综合满意度进行考察，并以此为基础计算旅游景区质量等级对游客意见的评分。

《旅游景区游客意见调查表》采用随机发放的方式，根据景区的规模、范围和申报等级确定发放规模，一般为30~50份，即时发放、即时收回，最后汇总统计。回收率不应低于80%。但在原则上，发放对象不能少于3个旅游团体，并注意游客的性别、年龄、职业、消费水平等方面均衡。

游客从景区的总体印象、外部交通、内部游览线路、观景设施、路标指示、景物介绍牌、宣传资料、导游讲解、服务质量、安全保障、环境卫生、厕所、邮电服务、商品购物、餐饮或食品、旅游秩序、景区保护17个单项对景区进行评价，按照很满意、满意、一般、不满意4个等级进行打分。其中总体印象满分为20分，评分标准为：很满意为20分，满意为15分，一般为10分，不满意为0分；其他16项每项满分为5分，总计80分，具体评分标准为：很满意为5分，满意为3分，一般为2分，不满意为0分。

游客意见评分的计分办法通常采用算术平均法，即先计算出所有《旅游景区游客意见调查表》各单项的算术平均值，再对17个单项的算术平均值加总，作为本次游客意见的综合得分。如存在某一单项在所有调查表中均未填写的情况，则该项以其他各项（除总体印象外）的平均值计入总分。

4.各等级旅游景区需达到的条件

根据三大细则，旅游景区质量等级得分相应的最低要求见下表2-1。

旅游景区质量等级得评分对应细则最低得分值汇总表　　　表2-1

景区级别	细则一	细则二	细则三
5A	950分	90分	90分
4A	850分	80分	80分
3A	750分	70分	70分
2A	600分	60分	60分
1A	500分	50分	50分

2.2.3 A级旅游景区评定标准解析

三大细则相互关联，其中细则二（景观质量）是对旅游景区本身的资源质量进行评价，是申报创A的基础，细则一和细则三则更多地体现了以人为本、细节化和人性化的要求。因此，A级景区申报时，一般先对照细则二（景观质量）进行评估，达标后，再进入后续程序。在细则二（景观质量）通过的前提下，细则一往往成为景区升级的关键和重点提升建设项目。根据以上创A评定标准，可将评分点分为以下6类。

（1）建设类。建设类包括旅游景区的各类旅游基础设施和旅游服务设施，但只包括需要景区内部自行建设的设施，一些外部设施如公路、航线等并未包括其中。具体包括游客中心（70分）、景区环境氛围的营造（69分）、厕所（65分）、标志系统（49分）、自配停车场地（30分）、景区内部交通设计（30分）、游客公共休息设施和观景设施（26分）、公共信息图形符号设置（18分）、购物场所建设（15分）、特殊人群服务项目（10分）等，共382分。建设要求统筹设计，合理布局，特别要注意各项设施的特色化、艺术性以及与周围环境的协调。

（2）服务类。服务类包括导游服务（37分）、邮电服务（20分）、宣教资料配发（15分）、旅游商品（15分）、餐饮服务（10分）等，共97分，在服务类建设中应该特别注意内在人文关怀的建设和人员素质的提升。根据细则一，服务类的要求并不多，并且很多方面已经落后于时代的要求，但服务类项目却直接影响到旅游者的游览感受和满意程度，如旅游商品的设置和布局，餐饮服务、游客中心服务人员的素质等，都对游客体验造成很大影响，与细则三的得分高低具有直接关系。

（3）管理类。景区的管理体系具体包括景区综合管理（200分）、旅游安全（80分）、门票（10分）、购物场所管理（10分）及商品经营从业人员管理（10分）等，共310分。高效的管理是景区正常运作的必要保证，不仅在创A申请中具有重要的意义，在景区日常运行中也占有举足轻重的地位。检查中常见问题主要是人员闲聊、串岗或无人值班，不着统一的工作服，不佩戴工牌等。另外，游客投诉及意见处理方面，拨打投诉电话无人接听，接听态度不好，受理不迅速，没有投诉办公室标志，没有投诉信箱、意见本或投诉记录不全等，也都是景区评定中的常见失分点。

（4）交通类。交通类指景区的可进入性。景区的可进入性包括外部交通工具抵达景区的便捷程度（20分）、依托城市（镇）抵达旅游景区的便捷程度（20分）、抵达公路或客运航道（干线）等级（10分）、抵达公路或客运航道（支线）（10分）、外部交通标志（10分）等，共70分。在整个标准体系中，交通被列为第一要素。可达性是旅游开发的先决条件，对景区旅游活动的开展有十分重要的影响。A级景区对交通的可进入性都有一定的要求。因为在细则一中5A级景区必须达到950分以上，因此5A级旅游景区对交通要求很高，在景区创5A的过程中需要景区积极推动与各方合作，实现景区发展与城市建设相互带动的关系。

（5）环境类。环境类主要是指对景区环境容易造成污染或影响的项目，主要包括当地资源和环境的保护（76分）、废弃物管理（40分）、环境卫生（20分）、吸烟区管理（5分）等，共141分。这一类是景区创A的难点，也是最容易造成连锁扣分的因素。如资源与环境保护中很多内容，如空气、水、噪声等的评定需要有专业的仪器和有资质的第三方来测试，需要景区长期的维持改善。但是严重的空气、水质和噪声等污染可凭感官直接进行判断时，最多可进行高达25分的扣分。另外景区环境卫生中的场地秩序、地面、气味也是景区日常管理的难点，需要景区长期坚持日常维护，尤其是面对创5A中专家团队的暗访，更是景区需要重点下功夫的地方。

（6）景观类。虽然景区的自然景观和人文景观在很多时候是景区的天然条件，但随着景区的多元化发展，现在景区在创A的过程中，也可以在现有文化和景观的基础上，对景观的观赏游憩价值进一步提升和改造，使其满足创A的要求，如广州市长隆旅游度假区、常州市环球恐龙城休闲旅游区、无锡影视基地三国水浒景区等5A景区的诞生，表明国家在景区多元化的一个进步。

2.3 5A级旅游景区的参评条件与申报流程

目前A级景区是国家旅游局负责管理，3A级以下景区由地方旅游局负责验收，4A级以上由省（直辖市、自治区）旅游局直接验收，5A级景区则是国家旅游局委托全国旅游资源开发管理评价委员专家暗访复核。根据在景区提升规划中的实际需要，本节以5A级景区创建申报为例进行阐述。

2.3.1 参评条件

（1）已成为4A级景区满3年。

国家旅游局新修订的《旅游景区质量等级管理办法》，5A级旅游景区从4A级旅游景区中产生。被公告为4A级旅游景区3年以上的方可申报5A级旅游景区。

（2）年接待游客达60万人次以上。

5A级旅游景区要求年接待海内外旅游者达到60万人次以上，其中海外旅游者5万人次以上。

（3）景区面积不小于3km²。

5A级旅游景区面积不能小于3km²。景区内的园中园、景中景等内部旅游点，不进行单独评定。

2.3.2 申报流程

5A级旅游景区由省（市）级旅游资源开发管理评价委员会负责初审和推荐，全国旅游资源开发管理评价委员会组织各技术委员会进行评定。按照国家旅游局改革思路，设全国旅游资源开发管理评价委员会，下设景观质量评定组、景区现场评定组、旅游规划资质评定组、度假区评定组。

2.3.3 申报材料准备

（1）创建申请。自检认为景观质量达到5A级标准要求，通过创建各项条件可全面达到5A级标准。制定创建工作方案和计划任务书，逐级向旅游资源开发管理委员会提出创建申请，提交创建材料。

创建材料包括：景区总体情况、景观资源评价片（10分钟视频）、景观质量情况、创建工作方案和计划任务书等。

（2）景观评估。省级旅游资源开发管理评价委员会对申报创建5A级的景区景观和创建材料核查后，将符合要求的景区推荐至全国旅游资源开发管理评价委员会。

全国旅游资源开发管理评价委员会委派评估组，对各地推荐景区的景观质量和创建基础进行现场评估，对创建工作方案和计划任务书的真实性、有效性进行核实。

评估组要向全国旅游资源开发管理评价委员会提交评估报告。通过评估，将具备创建条件的景区列入创建5A预备名单，未能通过评价的，不列入创建单位名单。

（3）创建辅导。被列入预备名单的景区，在省级旅游资源开发管理评价委员会的指导下，按照创建工作方案和计划任务书开展创建工作，落实景区创建工作的主体责任，并将创建工作进展情况及时报送全国旅游资源开发管理评价委员会。

（4）初审推荐。经景区自查和省级旅游资源开发管理评价委员会审核，认为景区已经完成各项创建计划任务，并达到5A级旅游景区标准的，由省级旅游资源开发管理评价委员会向全国旅游资源开发管理评价委员会提交评定申请，报送《旅游景区质量等级评定报告书》、旅游景区服务质量和环境质量情况材料（针对细则一每一项打分点，提供翔实的文字说明和图片证明）、创建计划任务完成情况报告等。

（5）资料审核。全国旅游资源开发管理评价委员会依据《旅游景区质量等级的划分与评定》和评定细则规定，对旅游景区申报材料进行全面审核，审核重点包括旅游景区名称、范围、管理机构、规章制度及发展状况、年游客量，电子商务等，服务质量与环境质量达标情况，以及景区各项任务计划完成情况。通过审核的景区，进入现场评定程序。

2.3.4 现场评定工作流程

全国旅游资源开发管理评价委员会委派检查组采取明察和暗访方式对旅游景区服务质量与环境质量进行现场评定。

（1）组成检查组。每家景区现场检查员人数为3~5人，设组长1人，负责统筹协调。

（2）暗访。评定组以普通游客身份进入景区，依据细则一对景区进行暗访，通过文字、照片、视频、录音等方式予以记录。与景区服务人员交流，判断他们对各项规章制度的理解程度和落实情况。

（3）整改通知书。专家组根据暗访实际情况，形成报告至全国旅游资源开发管理评价委员会。全国旅游资源开发管理评价委员会给参评景区下达整改通知书。

（4）明查。明查主要以座谈会的方式进行。参会人员包括被检查方的高层管理者及各部门负责人。查看景区组织架构、管理制度、服务流程等内容，与各部门管理人员交谈，了解景区各项规章、制度执行情况。

（5）提交评定报告。5A级旅游景区现场检查评定委员会向全国旅游资源开发管理评价委员会提交评定报告。

评定内容包括景区交通等基础服务设施，安全、卫生等公共服务设施，导游导览、购物等游览服务设施，电子商务等网络服务体系，对旅游景区的历史文化价值、自然环境保护情况，引导游客文明旅游等方面的情况。通过评定的景区，进入社会公示程序，由国家旅游局颁发证书和标志牌。

2.4 A级旅游景区的动态管理与退出机制

《旅游景区质量等级评定管理办法》第六条明确规定"国家旅游局负责旅游景区质量等级评定标准、评定细则的制定工作，负责对质量等级评定标准实施进行监督检查"，第七条规定"国家旅游局组织设立全国旅游景区质量等级评定委员会。全国旅游景区质量等级评定委员会负责全国旅游景区质量等级评定工作的组织和管理"，可以看出国家通过"管理办法"对A级景区进行管理。

2.4.1 管理机制

根据《旅游景区质量等级评定管理办法》规定全国质量等级评定委员会有计划、有重点对各级旅游景区进行复核，具体等级复核工作主要由省级质量等级评定委员会组织和实施。为了加强对A级景区的质量管理，还规定各级旅游景区质量等级评定机构对所评旅游景区要进行监督检查和复核。监督检查采取重点抽查、定期明查和不定期暗访以及社会调查、听取游客意见反馈等方式。

（1）全面复核至少每三年进行一次，对于经复核达不到要求或被游客进行重大投诉经调查情况属实的景区，主管部门应对景区进行相应的处理：

1）由相应质量等级评定委员会根据具体情况，作出签发警告通知书、通报批评、降低或取消等级的处理。对于取消或降低等级的景区，需由相应的评定机构对外公告。

2）旅游景区接到警告通知书、通报批评、降低或取消等级的通知后，须认真整改，并在规定期限内将整改情况上报相应的等级评定机构。

3）凡被降低、取消质量等级的旅游景区，自降低或取消等级之日起一年内，不得重新申请新的资质等级。

（2）旅游景区质量等级评定委员会签发警告通知书、通报批评、降低或取消等级的处理权限如下：

1）A、AA、AAA旅游景区达不到标准规定，省、自治区、直辖市旅游景区质量等级评定委员会有权签发警告通知书、通报批评、降低或取消等级。降低或取消等级的通知，须报国家旅游景区质量等级评定委员会备案。

2）AAAA、AAAAA旅游景区达不到标准规定，省、自治区、直辖市旅游景区质量等级评定委员会有权签发警告通知书、通报批评，并报国家旅游景区质量等级评定委员会备案。如认为应作出降低或取消等级的处理，须报国家旅游景区质量等级评定委员会审批。

3）国家旅游景区质量等级评定委员会有权对各质量等级的旅游景区，作出签发警告通知书、通报批评、降低或取消等级通知的处理，但需事先通知有关省、自治区、直辖市旅游局旅游景区质量等级评定委员会。

国家5A级景区是我国当前景区的最高标准，是中国精品景区的代表，具有"不可再生、不可复制、不可再造"的特殊地位，对地方知名度提升和发展经济具有不可替代的作用。为了提升5A级景区的品质，国家将对现有5A级景区进行动态管理，在总量控制的前提下，吸收符合相关条件的景区加入，对已加入的5A级景区，将实施常态化的明察暗访，发现不符合条件的，将摘掉5A级景区牌子。

2.4.2 复核及动态管理全面启动

根据国家旅游主管单位制定标准的初衷，有A级景区的复核和动态管理，包括降级、降星，甚至摘牌被勒令退出A级景区行列，但一直以来缺乏相应的量化和强制执行标准。很多认证和评定虽然原则上不是终身制，但最终客观上都沦为了终身制。

2011年国家旅游局下发最新文件，要求每年要对10%以上的景区进行复核，复核工作进一步得到强化和量化。现在全国各地复核和动态管理也逐渐走入日程。山东2012年打破度假区终身制，健全度假区评价体系，对省级旅游度假区进行年度工作考核，达不到考核标准的，报请省政府批准，撤销其省级旅游度假区资格，不再享受相应政策。苏州市旅游局对全市A级景区进行复核，采取明察暗访相结合的形式，重点对游客服务中心、停车场、厕所、医务室等公共服务设施，标识标牌等引导系统，导游等解说系统，安全与卫生维护，网站建设与电子商务，投诉、培训、游客意见征询等制度实施，景区资金投入，新建项目等方面进行复核。复核工作结束后，对不达标景区提出明确整改意见，对不合格景区按规定摘牌。

引入退出机制，施行动态管理，对其中硬件不达标、软件不过关、服务质量低、管理混乱的景区，将严格按照国家标准，降星降级、摘星摘牌。这一方面维护了政府公信力，同时也进一步维护了消费者的根本权益，从观念上改写了A级景区终身制，有助于解决旅游景区"最后一公里"的问题。强化退出机制，将成为督促、提升旅游服务的一把"利剑"。A级景区动态管理机制的建立，对于整个景区改善发展环境，特别是对改善政府管理、理顺关系具有促进作用，更加强化了景区及当地政府的危机意识。

第3章 A级旅游景区硬件提升建设

设施建设的升级、完善主要指为方便游客游览而设计的各类旅游基础设施和旅游服务设施的提升建设，具体包括旅游交通设施、游览设施、旅游卫生设施、旅游安全设施、资源和环境保护设施、邮电服务设施、旅游购物设施等。景区应该在开发建设之初或者提升过程中，对设施建设进行统筹布局。在推进旅游基础设施建设，按照现代国民多元化旅游需求配套完善的同时，保障旅游公共服务，完善信息服务、咨询服务、旅游交通、突发事件处理、安全救援等相关保障设施，全面对接《国民旅游休闲纲要（2013—2020年）》，将A级景区建设成为与现代国民旅游休闲相适应的景区。

3.1 旅游交通设施提升建设

3.1.1 建设要求

1.外部交通设施建设

旅游景区在A级创建过程中，可进入性是非常重要的一环，在细则一中，"可进入性"分值高达70分，是评分细则分项中分值最高的分项之一。在评定中，不同级别景区对可进入性的要求也不同，但都有交通设施完备、进出便捷、有直达的线路或旅游专线。其中以5A级景区的要求最高，要求"可进入性好：交通设施完善，进出便捷；或具有一级公路或高等级航道、航线直达；或具有旅游专线交通工具"（表3-1）。

不同景区级别对可进入性的要求　　　　　　　　　　　　表3-1

景区等级	详细要求
AAAAA	可进入性好。交通设施完善，进出便捷。或具有一级公路或高等级航道、航线直达；或具有旅游专线交通工具
AAAA	可进入性较好。交通设施完备，进出便捷。或具有至少二级以上公路或高等级航道、航线直达；或具有旅游专线等便捷交通工作
AAA	可进入性良好。交通设施完善，进出便捷。或具有一级公路或高等级航道、航线直达；或具有旅游专线交通工具

2.自配停车场建设

自配停车场与内部交通在细则一中分别占30分。在A级景区的评定中，虽然停车场并非最易失分的项目，但随着自驾游越来越普及，很多景区也都暴露出了相关问题，节假日"停车难"已成为困扰景区和游客的难题。有些景区的停车场建设虽然能够达到要求甚至满足5A级景区的标准，但节假日停车依然是影响景区发展的难题，另外"停车难、难停车"还严重影响了游客对景区的第一印象，降低游客满意度，影响细则三中对景区的考核。因此，旅游景区必须重视停车场的规划与建设（表3-2）。

不同景区级别对自配停车场的要求　　　　　　　　　　表3-2

景区等级	详细要求
AAAAA	有与景观环境相协调的专用停车场或船舶码头。管理完善，布局合理，容量能充分满足游客接待量要求。场地平整坚实，绿化美观或水域畅通、清洁。标识规范、醒目、美观
AAAA	有与景观环境相协调的专用停车场或船舶码头。且管理完善，布局合理，容量能满足游客接待量要求。场地平整坚实或水域畅通。标识规范、醒目
AAA	有与景观环境相协调的专用停车场或船舶码头。且布局合理，容量能满足需求。场地平整坚实或水域畅通。标识规范、醒目

3.内部交通设施建设

内部交通在细则一的分项分值中占30分，主要包括游览线路和游步道设计，而在实际建设与运营中，还应考虑内部交通工具配套的完善（表3-3）。

不同景区级别对内部交通建设的要求　　　　　　　　表3-3

景区等级	详细要求
AAAAA	区内游览（参观）路线或航道布局合理、顺畅，与观赏内容联结度高，兴奋感强。路面特色突出，或航道水体清澈。区内应使用清洁能源的交通工具
AAAA	区内游览（参观）路线或航道布局合理、顺畅，观赏面大。路面有特色，或航道水质良好。区内使用低排放的交通工具，或鼓励使用清洁能源的交通工具
AAA	区内游览（参观）路线或航道布局合理、顺畅，观赏面大。路面有特色，或航道水质良好。区内使用低排放的交通工作，或鼓励使用清洁能源的交通工具

3.1.2 重点提升工程

1. 外部交通提升

（1）旅游交通设施提升：以游客进出便捷、舒适、安全为原则，完善外部交通设施。

随着旅游者出行交通工具的多元化，飞机、火车、长途汽车、客轮、私家车等都已成为现代旅游者出行的主要交通工具。旅游景区所依托的城市（镇）需完善自身的交通设施，根据旅游市场的需求特征适时地修建飞机场、火车站、长途汽车站、客运码头、自驾车营地等基础设施，并做好旅游景区与这些交通设施之间的衔接，如通景公路的建设。在用于输送旅游者的旅游专线交通工具方面，旅游景区应以便捷和舒适为主导原则。

（2）旅游集散地建设：打造特色鲜明、设施完善、服务一流的旅游集散地通常分为三类，即依托城市（镇）、重要交通节点、城市旅游咨询中心，依托城市（镇）主要是指作为旅游配套服务集中地而存在的旅游集散中心（图3-1）；重要的交通节点包括机场、火车站、长途汽车站、高速公路出口等，旅游咨询中心是旅游行政管理部门在游客较为集中的区域所设置的旅游服务中心（图3-2、图3-3）。

按照《城市旅游集散中心等级划分与评定》、《旅游信息咨询中心设置与服务规范》国家标准，结合5A景区相关标准体系，大力推进旅游集散中心和信息咨询中心建设，打造特色鲜明、设施完善、服务一流的旅游集散地。

图3-1　舟山市旅游集散服务中心（朱虹　摄）

图3-2　曲阜游客服务中心　（薛冀　摄）

2.内部交通提升

（1）游览线路提升：游览线路顺畅，布局合理，类型多元化，实现人车分流。

游览线路的设计原则遵循"慢走细品"，具体要求游览线路（航道）做到布局合理，并充分考虑到景区各重要区域间隔距

图3-3　北京旅游咨询服务中心　（吴必虎　摄）

离、游览时间、活动内容等因素对旅游景区游览线路设计的影响。

游览线路路况顺畅，具体指线路的出入口应设置在游客活动集中的区域，做好进出口分设，不要过于邻近，便于游客疏散。

游览线路的类型建设，具体根据游览需要，选择不同的路面类型。例如，适合游客步行游览的生态游步道，适合环保电瓶车行驶的柏油路面。伴随着生态旅游的兴起，木栈道、石板路、鹅卵石步行道等在旅游景区迅速发展。

做好交通组织，针对旅游巴士、出租车、公交车、自驾车、商务车、景区运营车辆等进行路线设计和渠化；规划人车分离，根据人行、车行方向进行人车分流，使二者在各自的道路上步步顺畅，提高道路通行能力。

（2）交通工具提升：提倡生态化、特色化交通工具，丰富旅游者的

交通体验。

　　随着景区环境保护意识的深入人心，旅游者对待环境保护的重视程度已开始由被动转为主动，生态旅游、乡村旅游等环境友好型的旅游产品逐渐受到旅游者的追捧。在此背景下，一些旅游景区开始了对景区生态化改造的系统提升工程，使用清洁能源的交通工具便成为首选之举。生态化的交通工具包括绿色观光巴士、电瓶车、自助游自行车、人力三轮车等。提倡生态化交通工具，鼓励环保交通方式，可以有效减少交通对周边环境的破坏。

　　此外，特色交通工具是旅游项目的一部分，也是丰富景区旅游特色的重要方式，有助于丰富旅游体验，增加旅游的乐趣，因此在景区原有常规交通的基础上，配合特色交通的补充（索道、渡船、滑竿、骑马、单轨列车等），形成景区多样的交通体验（图3-4、图3-5）。例如，在峨眉山景区，就集合了绿色观光巴士、索道（万年寺索道、金顶索道）、单轨列车、滑竿和步行道等多种交通方式。

图3-4　鸣沙山月牙泉景区特色交通方式 （李蓓 摄）

图3-5　乌镇景区特色交通方式 （武琳 摄）

　　（3）数字化交通系统：面向游客与景区管理人员构建智能化、无障碍交通信息系统。

在旅游道路网建设中实现智能化的科技化发展，通过交通信息系统构建，游客可以通过道路信息屏幕、车载装备、手机、网络等实现无障碍化交通，得到最优交通线路；景区管理人员可以调配景区游客进入量、车辆运行监控调度、停车场指示等，便于统计和整体调配景区的资源和设施，提高景区交通管理指挥、决策、监控和服务水平。

3.重点交通配套设施建设

主要包括景区出入口道路和标识系统建设、景区停车场或船舶码头建设（生态停车场）。

（1）完善景区交通标识系统。

在规划区的出入口及国道两侧设置带有中英文对照的交通导引牌和国际通用路标等公共图形符号系统，实现标识系统合理化、系统化、人性化，方便游客明确位置，辨认方向。

（2）生态停车场系统建设。

根据旅游区规模及功能需求设置停车场，停车场设计按照生态停车场理念设计。

生态停车场以生态为原则，在停车场内种植一些杨树、桦树等树种，通过植物造景，将停车场环境与周边绿化相结合，让停车场融入植物景观中，实现生态化、隐蔽化，以减少停车场对旅游环境的影响。除此之外还要求停车场的标识规范、醒目、美观，尽量体现景区特色。如果是船舶码头，则要注意码头的清洁卫生，组织专人及时对码头内的漂浮物进行清理，为旅游者营造良好的旅游氛围。

3.2 游览设施提升建设

3.2.1 建设要求

细则一中游览一项在8个大项中所占分值最高，为235分，包括8个分项，其中涉及设施建设的有游客中心、标识系统、游客休憩、特殊人群服务项目四大类。

1.游客中心建设

游客中心建设在细则一的分项分值中，与可进入性同值，占70分，是全部分项分值中最高的，可见其在景区创A中的重要性（表3-4）。游客中心的位置要醒目，最好设置在主入口附近，且要具有醒目的标识，其建筑的造型、色彩、外观要与景观相适应；游客中心的规模要适应游客需要；游客中心的服务、设施要完善，如提供景区门票销售、咨询、综合预定、宣传资料、线路图、景区活动预告、多语种导游等服务，具有影视厅、游客休息室、母婴室、卫生间、医务室、商品销售、邮政等功能布局，具备电子触摸屏、手机充电桩等数字设施设备。

不同景区级别对游客中心的要求 表3-4

景区等级	详细要求
AAAAA	游客中心位置合理，规模适度，设施齐全，功能体现充分。咨询服务人员配备齐全，业务熟练，服务热情
AAAA	游客中心位置合理，规模适度，设施齐全，功能完善。咨询服务人员配备齐全，业务熟练，服务热情
AAA	游客中心位置合理，规模适度，设施、功能齐备。游客中心有服务人员，业务熟悉，服务热情

2.标识系统建设

标识系统在细则一的分项分值为49分，要求设置有导游全景图、导览图、标识牌、景物介绍牌等，数量、布局合理，有艺术感，图案直观明了，与景观协调一致（表3-5、表3-6）。

不同景区级别对标识系统的要求 表3-5

景区等级	详细要求
AAAAA	各种引导标识（包括导游全景图、导览图、标识牌、景物介绍牌等）造型特色突出，艺术感和文化气息浓厚，能烘托总体环境。标识牌和景物介绍牌设置合理
AAAA	各种引导标识（包括导游全景图、导览图、标识牌、景物介绍牌等）造型有特色，与景观环境相协调。标识牌和景物介绍牌设置合理
AAA	

导游全景图	•正确标识主要景点及旅游服务的位置，包括各主要景点、游客中心、厕所、出入口、医务室、公用电话、停车场等，明示咨询、投诉、救援电话
导览图	•处于景区内交叉路口、标明现在位置及周边景点和服务设施的图示
标识牌	•景区内引导方向或方位的指引标识
景物介绍牌	•介绍主要景点、景观或相关展示内容的介绍说明牌

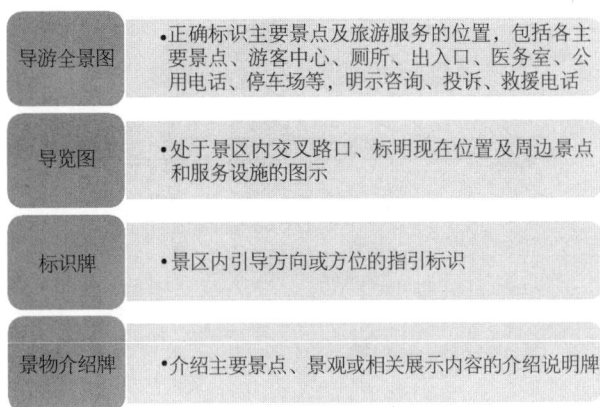

图3-6 标识系统内容说明

3.游客公共休息设施和观景设施

游客公共休息设施和观景设施在分项分值中占26分。从布局上说，休息和观景设施要数量充足，能满足需要，不设置在危险地带、危险场所，造型与景观环境相协调，同时还要选用档次、生态性与景区协调的材质，制作精美，有艺术感（表3-6）。

不同景区级别对游客公共休息设施和观景设施的要求　　　　　表3-6

景区等级	详细要求
AAAAA	游客公共休息设施布局合理，数量充足，设计精美，特色突出，有艺术感和文化气息
AAAA	游客公共休息设施布局合理，数量充足，设计精美，有特色，有艺术感
AAA	游客公共休息设施布局合理，数量满足需要，设计有特色

4.特殊人群服务项目

特殊人群服务项目在分项分值中占10分，包括残疾人轮椅、盲道、无障碍设施（不含残疾人厕所、厕位），老年人使用的拐杖，儿童使用的童车等。查看服务指南与相关设施，每项的分值为2分。

3.2.2 重点提升工程

1.游客服务中心提升

根据《旅游景区游客中心设置与服务规范》（LB/T 011—2011）规范建设旅游景区游客中心，保障游客的相关权益，提高景区的服务水平。

（1）游客中心的选址。

游客中心是旅游景区管理机构设立的为游客提供信息、咨询、游程安排、讲解、宣传、休息、购物等旅游服务功能的专门场所，是旅游者了解旅游景区的一扇窗户，起到内引外联的作用。游客中心的选址应位于旅游景区外部交通与内部交通的连接点上，大致分为三类：入口处、景区外、景区内。产生差异的主要原因，在于连接点所处的地势不同。一般而言，游客中心尽量选址景区的入口处。

（2）游客中心规模与建筑风格。

游客中心的设计容量要与旅游景区的接待量保持一致。游客中心的体量还要考虑与周围环境的一致性，切忌破坏旅游景区的整体景观效果。

在建筑风格方面，对游客中心建筑外立面进行生态化、特色化改造。设计应符合本土文化特征和建筑特色，具有一定的标志性。游客中心内部装修应遵循特色、经济的原则。

（3）游客中心功能设置。

根据游客行为需求，划分不同的功能区，将票务服务、旅游咨询、游客投诉、景区宣传、游客休憩、餐饮购物、邮电服务、医疗服务等功能区合理分开，借以避免过于拥挤而给旅游者带来不便。

票务服务：票务窗口将团队、散客、电子、综合进行分设，排队区域进行渠划。

景区宣传：提供目的地城市的综合宣传资料；提供景区导览宣传材料；提供游览线路图，信息全面；设影视厅，对风景区要有整体的介绍宣传；设电子触摸屏用于游客查询使用，查询内容包括旅游风景区导览图、游程线路、主要景点介绍、主要活动和相关服务设施等信息；明示景区活动节目预告。

游客休憩：游客中心室内室外、游客聚集的区域均设置休憩区，数量要与景区的接待规模相适应。

餐饮购物：建议在游客休憩区设置水吧、餐吧及购物场所。

邮电服务：提供信函、包裹等基本邮政业务，做到收发及时；提供信封、信笺、邮票的售卖业务；为游客提供纪念戳、本地纪念封、明信片、纪念邮票等邮政纪念服务；设置公用电话，具备国际、国内直拨功能；提供综合手机充电服务。

医疗服务：设医务室，与周边医院签订救护协议，专职医护人员证照复印件张挂上墙，救护设备齐全有效。

旅游咨询与投诉：提供旅游咨询和投诉服务平台，有专人值班，工作人员要统一着装，为旅游者提供热心、耐心、细心的服务。专职的咨询接待人员应掌握丰富的信息，保持与各级部门和有关服务环节的顺畅沟通，并且善于运用沟通交流技巧。

其他功能：提供特殊人群服务，物品寄存，租赁服务（自行车、帐篷等），ATM自助提款服务等。

（4）游客中心的交通组织。

完善游客中心的交通组织，针对不同的游客进行不同的线路组织模式的设计。针对旅游巴士、出租车、公交车、自驾车、商务车、景区运营车辆等进行路线设计，车辆散落点、接驳方式设计。

（5）数字化游客中心建设。

增设电子触摸屏，主要提供景区导览图、景区线路查询、景区内主要景点介绍、景区活动项目和服务设施查询等，同时可提供必要的语音导航功能，能够有效地缓解人工咨询的压力，同时视频画面具备较高的视觉冲击力，增加游客记忆力，提高游览兴趣。

（6）其他注意事项

对游客中心设备进行定期检修，防止电脑触摸不能正常工作等问题出现，有视频需要循环播放，及时补充提供书架上的资料，保证商品服务中心不缺失值班人员，工作人员禁止出现闲聊、不佩戴工牌等情况。

2.完善标识导览系统

《旅游景区公共信息导向系统设置规范》（LB/T 013—2011）明确景区周边导入系统、游览导向系统、导出系统等子系统的关键节点及各关键节点处需设置的导向要素的类型、提供的信息及设置方式，对景区标识牌进行统一设计，所有图示标牌应严格按照地图制作规范设计，在易于理解的基础上，统一坐标系统。标识内容用中、英、俄、日、韩等多种语言表达，翻译准确。

饰以体现景区特色的文化符号，突出艺术感和文化气息，同时注重智慧导览系统的引入。

标识牌布局合理，种类丰富，包括全景牌示、指路牌示、景点牌示、忠告牌示、服务牌示、花木/建筑牌示等不同类型。

（1）全景牌示。

全景图是旅游区以整体形象第一次面对旅游者，应充分展现旅游区的特质，如鸣沙山月牙泉导览图，造型似骆驼，与景区沙漠特质吻合（图3-7）。解说牌应有中、英、日、韩、俄等五种文字解说，明确各主要景点、游客中心、厕所、出入口、医务室、公用电话、停车场等信息，并对整体格局进行描述，包括平面图、鸟瞰图、文字简介、地图等表现形式。此外解说牌信息中还应配有整个景区的空间结构，游客目前所在位置、道路方向、主要景点、接待设施等的示意图，并明示咨询、投诉、救援电话。

放置地点：景区入口、游客中心、各重要节点和交通枢纽处。

图3-7　鸣沙山月牙泉景区导览图 （李蓓 摄）

（2）景点牌示。

各景点还应设置集景点介绍、交通导引和接待设施导引为一体的景点牌（图3-8、图3-9）。在主要景点设置，要求重点突出，制作精致。还应标出游客具体所在的位置和线路，帮助旅游者快速定位，并获取自己需要的信息。

放置地点：各个景点处。

图3-8 长白山景区谷底森林景点牌示
（刘明丽 摄）

图3-9 鸣沙山月牙泉景区鸣月广场牌坊
（李蓓 摄）

（3）说明牌示。

主要针对游线沿途重要景观进行介绍与说明，对文化、景点特色、文化内涵、自然环境、活动、知识等内容进行解说，要求内容具有趣味性（图3-10）。

放置地点：需进行说明的景观处。

图3-10 九寨沟风景名胜区说明牌示 （栾振峰 摄）

（4）交通和服务指引牌示。

指示重要景点、重要服务设施、重要建筑物的位置和线路等（图3-11～图3-13）。提供交通和接待设施信息服务，向游客清晰标示目前位置、前方不同景区方向、名称、距离等要素。在步行道上的牌示还要标出距离目标景点的步行时间。

放置地点：根据实地情况和交通指引需要，主要布置在景区出入口、解说中心、重要景点、主要交通枢纽、车站等。

图3-11　九寨沟风景名胜区交通和服务指引牌示　（栾振峰 摄）

图3-12　鸣沙山月牙泉景区交通和服务指引牌示　（李蓓 摄）

图3-13　灵山胜境交通和服务指引牌示　（刘明丽 摄）

例如，在创建阆中古城5A景区提升规划中，在广南高速、兰渝铁路、机场出口设置大型的阆中古城的户外广告牌，加强对整个景区的宣传。同时，在212国道、302省道及西山森林公园、锦屏山、东山园林的沿嘉陵江道路两侧设置带有中英文对照的交通引导牌和国际通用路标等公共图形符号系统，实现标识系统合理化、系统化、人性化，方便游客明确位置，辨认方向。

（5）忠告牌示。

在需要对旅游者行为进行规制处设立安全牌示和忠告牌示，以文字提示为主，主要功能是提示游客注意安全和规范游客行为，保护景区资源和环境等，如"请勿吸烟"、"爱护环境""请止步"等（图3-14、图3-15）。

放置地点：在景区入口、主要景点、文保单位、水面、危险路段处明显处应设立相应的忠告牌示。

图3-14　长白山景区忠告牌示　（刘明丽　摄）

图3-15　雁荡山景区忠告牌示　（朱虹　摄）

3.完善公共服务设施建设

完善景区的游客公共休息设施和观景设施，在核心景区增设休息座椅和休息亭。在游客中心和步道沿途设置的休息设施，应注重造型与景观环境的协调性（图3-16~图3-19）。

图3-16 台儿庄古城景区休闲座椅
（徐晓东 摄）

图3-17 无锡三国城景区休闲座椅
（武琳 摄）

图3-18 长白山景区观景设施
（刘明丽 摄）

图3-19 台儿庄古城景区观景设施
（刘明丽 摄）

4.完善特殊人群服务设施

结合游客中心建设，配备残疾人轮椅、儿童推车、老年人使用的拐杖等；在游客中心、主要设施和厕所内，修建无障碍道路和设施。

5.规范公共信息图形符号

注重标识符号的规范统一。标识图形符号参照GB/T 10001 标准，没有提供标准图形的，采用国际惯例图形。设置地点包括景区停车场、出入口、购物场所、医疗点、厕所、餐饮点、电话厅等。采取防水、防晒处理，保持符号清晰，对目前有损坏的标识符号及时更换更新。图像符号在达到标准要求基础上，外观设计应与环境景观协调，体现景区文化内涵。

全面检查景区内各停车场、出入口、售票处、购物场所、医疗点、厕所、餐饮等设施的公共信息图形符号，确保公共信息图形符号合理、正确设置，视觉效果精美，维护保养良好。

3.3 旅游卫生设施提升建设

3.3.1 建设要求

1.厕所

厕所是景区创5A暗访中最容易失分的环节，所以景区在创建升级中尤其要注意厕所建设。首先，厕所布局要合理，步行30分钟范围内必须有设置，同时位置要相对隐蔽，但易于寻找，方便到达，并适于通风、排污。其次，厕位数量要充足，并设置残障人士专用厕位，有些景区还根据男士与女士的不同需求，相对增加了女士厕位的数量。此外，对于洁具、隔板、门、盥洗设施等，不同景区都有不同要求（表3-7）。

不同景区级别对厕所的要求 表3-7

景区等级	详细要求
AAAAA	公共厕所布局合理，数量能满足需要，标识醒目美观，建筑造型景观化。所有厕所具备水冲、盥洗、通风设备，并保持完好，或使用免水冲生态厕所。厕所设专人服务，洁具洁净，无污垢，无堵塞。室内整洁，有文化气息
AAAA	公共厕所布局合理，数量能满足需要，标识醒目美观，建筑造型与景观环境相协调。所有厕所具备水冲、盥洗、通风设备，并保持完好，或使用免水冲生态厕所。厕所管理完善，洁具洁净，无污垢，无堵塞。室内整洁
AAA	公共厕所布局合理，数量满足需要，标识醒目，建筑造型与景观环境协调。全部厕所具备水冲、通风设备，并保持完好，或使用免水冲生态厕所。厕所整洁，洁具洁净，无污垢，无堵塞

针对目前厕所存在的严重问题，国家旅游局支持召开的全国厕所工作现场会于2015年2月26日在桂林召开，由国家旅游局出台新的旅游厕所等级评定标准，今后取消四星级、五星级档次，倡导环保、实用，评定等级改为1A至3A三个等级。在旅游厕所建设管理中，把旅游厕所建设管理的效果和各类旅游评选挂钩，并采取"一票否决"制，同时，将厕所作为今年实施的A级景区退出机制的标准之一。因此，今后景区提升规划设计，不仅要符合5A景区建设要求，同时还要与时俱进，引导各地在建设过程中

积极采用节水、节能、除臭新技术、新材料，适应我国大规模、大流量游客需求，发展"免冲式厕所"和"生态厕所"。

2.垃圾箱（桶）

垃圾箱（桶）在细则一中分项分值，为20分。要求数量充足、布局合理、美观、与景观环境协调，如果垃圾桶能够根据景观环境而专门设计造型，则能更好地与景区融为一体，体现景区的文化性（表3-8）。

不同景区级别对垃圾箱的要求　　　　　　　　　　　　　　表3-8

景区等级	详细要求
AAAAA	垃圾箱布局合理，标识明显，数量能满足需要，造型美观独特，与环境相协调。垃圾箱分类设置，垃圾清扫及时，日产日清
AAAA	垃圾箱布局合理，标识明显，数量能满足需要，造型美观，与环境相协调。垃圾分类收集，清扫及时，日产日清
AAA	垃圾箱布局合理，标识明显，数量满足需要，造型美观，与环境协调。垃圾清扫及时，日产日清

3.废弃物排放设施及处理场地

景区在建设升级过程中，要注意完善、升级废弃物排放设施，集中处理垃圾，并尽量使垃圾处理场地远离景区。

3.3.2 重点提升工程

1.旅游厕所提升

景区厕所是展示景物文化的最佳地点之一，也是人文关怀的场所之一，既是景区管理的难点，也是重点。

（1）完善景区内的厕所相应功能，倡导环保、实用，以达到国家旅游局最新修订出台的厕所等级评定标准，并增设A级厕所的数量。

（2）厕所布局要合理，围绕游客的游览路线，步行30分钟内需要设置。

（3）厕所建设位置需相对隐蔽，但易于寻找，方便到达，并适于通风、排污。位置通常以游览线路的交叉点、起点、终点这三种游客集中的活动区域附近为宜。

（4）内部配有儿童托台、残疾人厕所等人性化服务设施，能实现轮椅无障碍通行。

（5）厕所设备齐全，洁具洁净，无污垢，无堵塞，有盥洗设施、挂衣钩、卫生纸（大卷纸）、皂液、面镜、干手设备、烟缸等实用有效的设备。

（6）厕所内要有专人服务，管理制度上墙。

（7）厕所内部地面整洁，无异味。

（8）厕所外观、色彩、造型与景观环境相协调，内部装修突出文化氛围。

（9）景区厕所内的标识标牌统一设计，禁止粘贴，公共图形符号规范标准。

2.垃圾桶设计与提升

垃圾桶既是卫生设施，同时也是传承文化氛围的景观小品，为景区增添光彩。在不同主题的景区或街区，设计与主题相关的垃圾桶外形，将景区特色元素创意性融入垃圾桶设计中，既美观又大方，达到异曲同工之效。同时，垃圾桶数量要适中，且合理布局在各游客集散地、道路两侧和主要景点内。

例如乌镇景区的垃圾桶设计别具特色，既与古镇文化氛围相协调，又具有环保意味（图3-20）。在"世界根雕艺术之都"开化根宫佛国文化旅游区，垃圾桶的设计亦与景区文化主题融为一体，颇具根雕艺术特色（图3-21）。类似的还有普陀山、台儿庄古城的垃圾桶设计（图3-22、图3-23）。

图3-20　乌镇景区垃圾桶设计
（武琳　摄）

图3-21　开化根宫佛国文化旅游区垃圾桶设计
（大地蜗牛　摄）

图3-22 普陀山景区垃圾桶设计 （朱虹 摄）

图3-23 台儿庄古城垃圾桶设计
（徐晓东 摄）

3.废弃物集中管理

（1）完善垃圾收集设施，对游客和居民进行宣传教育，严禁污水、垃圾的乱排、乱堆、乱放，保证空气清新，无异味。

（2）景区内增加垃圾中转站，解决景区内垃圾处理问题。

（3）设置封闭垃圾集中站，并配备专用垃圾车，按环保部门意见至指定地点消纳。

（4）在游客中心和各景区（点）设立分类式垃圾桶，逐步取代现有的铁质垃圾桶（图3-24）。

图3-24 普陀山景区分类式垃圾箱 （朱虹 摄）

3.4 旅游安全设施提升建设

3.4.1 建设要求

旅游安全在细则一中的分项分值为80分，其中，涉及设施建设的分值为41分，包括安全设备设施建设、安全警告标识建设、医疗服务设施建设、救护服务设施建设等内容（表3-9）。

1.安全设备设施

安全设备设施在细则一的分值为27分，其建设主要包括5个方面：危险地带安全防护设施，消防、防火等设备，监控设施，游览游乐服务设施的安全提升，特殊旅游项目的安全确认。

2.安全警告标识

创A要求安全警告标识应齐全、醒目、规范。如设置不足或设置不规范，每处扣2分。

3.医疗服务及救护设施

景区应设立医务室及救护设备，医务室可以游客专用，也可以员工与游客兼用，救护设备的重点为水上旅游景区、山地旅游景区、滑雪场等的救护设备。

不同景区级别对旅游安全设施的要求	表3-9

景区等级	详细要求
AAAAA	消防、防盗、救护等设备齐全、完好、有效，交通、机电、游览、娱乐等设备完好，运行正常，无安全隐患。游乐园达到GB/T 16767规定的安全和服务标准。危险地段标志明显，防护设施齐备、有效，特殊地段有专人看守
AAAA	消防、防盗、救护等设备齐全、完好、有效，交通、机电、游览、娱乐等设备完好，运行正常，无安全隐患。游乐园达到GB/T 16767规定的安全和服务标准。危险地段标志明显，防护设施齐备、有效，高峰期有专人看守

3.4.2 重点提升工程

1.安全设施设置

完善新建景点的安全设施，扩大安全防护范围，加强对危险地段的安全标识，加强对公共服务设施的维修和保养。

图3-25　台儿庄古城景区监控设施（徐晓东 摄）

实现景区范围全监控：配备景区的监控设施，设置闭路监控系统，对于危险地段进行重点监控，从宏观确保游客的安全（图3-25）。

完善安全防护设施：保证各主要景点、接点处消防灭火器的配备数量充足和布局合理。景区内游客通行地段，配备安全防护设施，并加强巡查和维护；对于不能通行的地段，要设置安全警告标识，并设置通行障碍物。对景区内的水上娱乐设施、交通工具、观光游览设施、军事娱乐设施等进行定期的安全检查；对于景区中的无障碍道路、无障碍设施等进行定期检查和及时处理。

2.医疗设施完善

（1）医疗设施。

提升景区现有医务室的设施设备，以便在紧急情况下为游客实施救助。配备日常药品，包括感冒发烧类、消化类、头痛发热类、外科类、五官类、皮肤、其他类（如维生素、心脑血管、糖尿病的用药）等，另外有简单的医疗器械。医务人员根据保质期随时更换药品，确保药不过期，并保证医用器械医疗精确度。

（2）医疗人员。

在景区范围内的游客服务中心、服务站及主要景区配备专业医疗人员，负责景区日常的医疗和急救工作。可在旅游旺季增加临时工作人员和志愿者。

（3）急救措施。

医务人员根据职责的不同分配不同的急救箱，做到人手一个。随时完善和提升急救箱，保证急救箱内的药品和器械都可以用。同时根据旅游景区的游客量计算需要配备的急救担架数量，并定时定量维护保养。

定时维护和更换救护设备，进行救护人员的培训，提高救护人员的素质和技能。增加水上游览、山地游览的救护设备。设立紧急救援体系，统一各个小景区的救援电话。设置紧急救援通道，保证24小时畅通无阻，定期交流培训景区医务人员，提高医疗水平。

与景区当地城市（镇）医院建立医务联系，以便在突发事件中迅速调配资源。

3.5 资源和环境保护设施提升建设

3.5.1 建设要求

资源与环境的保护在细则一中的分值为145分，对空气质量、噪声指标、地表水、景观保护、生态保护、文物保护、古建筑保护、环境氛围、清洁能源设备的采用、环保型材料采用等方面进行了要求（表3-10）。其中，不同景区级别的共同要求有：空气质量达GB 3095—1996的一级标准；噪声质量达到GB 3096—1993的一类标准；地面水环境质量达到GB 3838—2002的规定；污水排放达到GB 8978—2002的规定；区内各项设施设备符合国家关于环境保护的要求，不造成环境污染和其他公害，不破坏旅游资源和游览气氛。

不同景区级别对资源和环境保护设施建设的要求   表3-10

景区等级	详细要求
AAAAA	自然景观和文物古迹保护手段科学，措施先进，能有效预防自然和人为破坏，保持自然景观和文物古迹的真实性和完整性；科学管理游客容量；建筑布局合理，建筑物体量、高度、色彩、造型与景观相协调；出入口主体建筑格调突出，并烘托景观及环境；周边建筑物与景观格调协调，或具有一定的缓冲区域；环境氛围优良；绿化覆盖率高，植物与景观配置得当，景观与环境美化措施多样，效果好

景区等级	详细要求
AAAA	自然景观和文物古迹保护手段科学，措施先进，能有效预防自然和人为破坏，保持自然景观和文物古迹的真实性和完整性；科学管理游客容量；建筑布局合理，建筑物体量、高度、色彩、造型与景观相协调。出入口主体建筑有格调，与景观环境相协调；周边建筑物与景观格调协调，或具有一定的缓冲区域或隔离带；环境氛围良好；绿化覆盖率高，植物与景观配置得当，景观与环境美化措施多样，效果良好
AAA	自然景观和文物古迹保护手段科学，措施得力，能有效预防自然和人为破坏，保持自然景观和文物古迹的真实性和完整性；科学管理游客容量；建筑布局合理，建筑物体量、高度、色彩、造型与景观相协调；出入口主体建筑有格调，与景观环境相协调；周边建筑物与景观格调协调，或具有一定的缓冲区或隔离带；环境氛围良好；绿化覆盖率较高，植物与景观配置得当，景观与环境美化效果良好

3.5.2 重点提升工程

1.环境质量监测

对空气、噪声、地表水进行检测，督促落实整改措施并出具相关报告。其中：空气质量保持国标一级标准，噪声指标保持一类标准，地表水质量保持国标规定。

2.改善环境质量

采取相关措施，改善大气状况、水环境、噪声环境，同时清理各类不合理广告设施，积极提倡清洁能源和环保材料的使用。

对功能性建筑选址，比如锅炉房、配电室、水塔、烟囱及用房等进行隐蔽或外观美化。

景区内出现的裸露电线做好安全整改，景区内输电、通信线路等全部采用地下掩埋方式。

3.环境氛围美化提升

注重景区出入口的环境设计，尤其在入口大门的设计中，在融入景区生态文化和地方传统文化元素的同时，达到与周围景观相协调。

区内建筑及设施与景观具有协调性，建筑选址不破坏景观，游客中心等建筑风格有特色。

旅游景区与周边环境设有隔离带或缓冲区。

3.6 其他硬件设施提升建设

3.6.1邮电服务设施提升建设

邮电服务在细则一评价标准中占20分，从分项设置中可以看出，这一项的设置主要是为了满足游客通信需求（表3-11）。随着信息化的发展，虽然标准中的要求没有变化，但在景区建设中，应该与时代相结合，保障游客的移动通信讯服务、互联网服务等方面建设，这也是与专家评审标准相吻合的，不能对标准生搬硬套（图3-26）。

不同景区级别对邮电服务设施的要求　　　　　　　　　　　表3-11

景区等级	详细要求
AAAAA	提供邮政及邮政纪念服务；通信设施布局合理；出入口及游人集中场所设有公用电话，具备国际、国内直拨功能；公用电话亭与环境相协调，标志美观醒目；通信方便，线路畅通，服务亲切，收费合理；能接收手提电话信号
AAAA	
AAA	提供邮政及邮政纪念服务；通信设施布局合理；游人集中场所设有公用电话，具备国际、国内直拨功能；公用电话亭与环境基本协调，标志醒目；通信方便，线路畅通，服务亲切，收费合理

图3-26　乌镇景区邮电服务设施　（武琳　摄）

3.6.2 旅游购物设施提升建设

在建设升级中，与旅游购物相关的设施建设主要为购物场所的建设与升级。细则一规定：购物场所不能破坏主要景观，不能妨碍游客游览，不能与游客抢占道路和观景空间；购物场所建筑造型、色彩、材质与景观环境相协调；布局合理，外部广告标志不过分影响观景效果。发现一处不得当扣2分，共15分。

1.购物场所建设

主题商业街：景区设置主题商业街区，展示销售具有景区当地地方特色手工艺品、农副产品、土特产以及文化创意旅游产品，例如阆中古城的武庙街、大研古镇的四方街、鼓浪屿的龙头路等。

综合服务区：在游客中心内设置综合服务区，出售地方特产、旅游纪念品，同时出售食品、饮料等生活用品(图3-27)。

特色购物点：在景区大门区及旅游区内主要游览节点内设置特色购物区，为游客提供多元化、个性化的购物空间，增添游客对文化产品的创意体验（图3-28）。

图3-27 灵山旅游商品购物商场 （薛冀 摄）

图3-28 鲁迅故里特色旅游商品购物点（朱虹 摄）

2.旅游商品开发

挖掘当地特色文化，系统开发多元化的创意旅游商品系列，如锦州礼物等（图3-29、图3-30）。

图3-29　灵山特色旅游商品展示（薛冀 摄）

图3-30　"锦州礼物"旅游商品（读道创意 提供）

多层次旅游商品组合，高档次旅游商品开发要注重文化性和艺术性，开发中低档次的旅游商品应考虑价格、性能、实用性和美观性。

注重体验性，可以出售由旅游者自己参与制作的旅游纪念品。将旅游纪念品制成半成品，留下容易完成的工序由旅游者参与制作，有意识地让游客留下自己的制作印迹后再出售。

第4章　A级旅游景区软件提升建设

4.1 服务与管理提升工程

从旅游景区质量等级标准的沿革过程来看，A级景区的服务越来越受到重视，在实际评定过程中，良好的服务甚至可以从一定程度上弥补设施的不足。良好的服务需要正规、有效、人性化的管理制度。同时随着市场的扩大也促使景区不断摒弃不合理的管理制度，完善管理，提升服务。

4.1.1 服务升级

服务升级是指A级景区为方便游客游览而提供的软性服务的提升。内容上包括导游服务（37分）、餐饮服务（10分）等，这些都是影响游客体验的关键因素。游客的旅游过程实际上也是一次情感经历，对景区的印象好坏与他们旅游时所感受到的服务质量与服务水平密切相关。为此，景区想树立良好的旅游形象，招徕更多的旅游者，就必须重视服务质量建设。

1.导游服务提升

景区提供导游、导览等多种服务，培训多语种导游；增设语音导游设备，游客可在游客服务中心进行租赁，内设中、英、日、韩、俄等五种语言；开发手机App应用程序，游客可下载应用程序进行语音导游，内设中、英双语种服务。

2.餐饮服务提升

制定景区餐饮服务卫生管理制度和防疫工作流程，对景区服务人员进行卫生和食品安全知识的培训，并建立服务人员卫生档案。

统一规范和管理景区餐馆及旅游接待点的餐饮卫生。

制定景区旅游卫生标准，对景区接待点的住宿卫生和内部环境情况进行统一检查评定，对卫生不合格者要求限时整改。

4.1.2 管理升级

细则一中涉及管理升级的内容包括景区综合管理（200分），如管理机构与制度的设立、员工培训、游客投诉及意见处理等，旅游安全（55分）中的安全制度和安全教育，门票（10分）、购物场所管理（10分）及商品经营从业人员管理（10分）等，这是景区正常运作的必要保证。景区只有建立完善的管理体系，才能使软性服务上档次，也才能创造出和谐舒适的旅游环境，保障景区持续健康的发展。

1.综合管理提升

综合管理包括机构与制度、企业形象、规划、培训、游客投诉及处理、旅游景区宣传、电子商务、社会效益等8个子项。

（1）电子商务系统。

强化景区电子商务功能，如查询、预定、支付等，配备动态查询设施，预测景区接待量。

查询：可以动态查询未来特定时间段预计游客接待量。

预定：网上预定系统建设，可以预定门票、住宿、餐饮、商品等。

支付：能够提供网上支付功能。

（2）旅游景区宣传提升。

首先，完善景区官方网站的功能，丰富其内容。需至少提供中、英两个语言的版本；在网站上增加旅游攻略内容，比如特色游览路线、特色住宿、美食，提升其作为虚拟景区的功能，实现网上游览；网站要有独立域名且有中文网址，便于宣传推广和游客查询使用。

其次，可以借助电视、报刊、网络等传播渠道进行全方位宣传。

通过电视宣传：在中央台、旅游卫视投放宣传片及电视专题片，加大对景区的宣传力度。

通过报刊宣传：在中央级、省级、地方级报纸上加强对景区的宣传力度，提升景区的知名度。

通过网络宣传：借助百度、谷歌等搜索网站优化排名进行宣传；依托知名的旅游网站，增加友情链接数量，如携程旅行网、去哪儿网、同程网、途牛网、驴妈妈网等，并加强与以上网站的电子商务合作，提升景区网站知名度，促进门票、住宿、旅游商品的销售；制作景区旅游微电影，投放在各大门户和视频网站。

（3）完善管理机构及管理制度。

完善有关管理制度，建立健全员工业绩考核和定级考核制度，把景区管委会内部管理落实到位。

景区制定管理岗位职责和人员分工，组织专门人员对管理制度进行学习，定期考核。

增加管理人员和设备投入。

（4）管理文件完善和归档。

景区管理部门需要制定管理文件，健全景区各项管理制度，并统一归档，完善景区的档案管理程序。同时还需要对旅游质量、旅游安全、旅游统计等日常工作文档进行整理。对旅游监督、检查、培训等形成完整的书面记录和总结。

（5）景区环境管理体制。

加强景区环境管理，明确景区环境管理职能，健全、规范管理机制，强化环保宣传和培训工作。

员工着岗位服饰，服饰美观有特色，佩戴工牌，服务规范，举止文明，热情大方。能够针对不同游客，提供个性化服务；熟知企业的质量目标、质量方针或口号。

（6）景区视觉识别VI体系设计。

明确景区的Logo标志，确定景区标识的标准色和标准字体，全区进行统一（图4-1）。

做好旅游区知识产权保护工作，对旅游品牌、Logo和广告语以及商标等进行注册保护。

建立旅游形象宣传口号体系，包括旅游手册创意制作、旅游招贴画创意制作、旅游导游图制作等。统一景区管理和服务人员服装和服饰。

图4-1　九寨沟风景名胜区部分村寨品牌形象设计 （读道创意 提供）

（7）游客投诉管理。

建立游客中心设投诉办公室，不断健全景区投诉处理制度，开通24小时投诉受理电话，在接到投诉后立即展开工作，尽量做到现场处理，对不能现场处理的，3个工作日内必须向投诉者作出反馈。

（8）企业标志注册、运用。

首先，应对企业品牌标志进行商标注册。其次，在旅游景区入口、导览系统、宣传品、门票、工牌、垃圾箱（桶）等方面运用企业标志。

（9）旅游规划。

制定旅游景区旅游总体规划，完善评审专家意见、政府批准文件等文件。规划内容包括土地利用、功能布局、游览项目与设施安排、市政设施建设等。加大规划的执行力度。

（10）开展旅游服务培训。

制定景区培训计划、年度计划及实施记录，组织旅游服务专题讲座，对正式员工和导游进行培训，并建立培训档案。

（11）服务质量提升。

通过游客调查的方式，明晰景区现有管理服务的不足，提升管理水准和服务质量。

（12）社会就业。

编制景区接待旅游人数统计报告，对景区创造的社会效益进行评估，编制景区发展带动当地社会就业统计资料，景区管理和从业人员达到80%为本地员工。

2.旅游安全管理提升

（1）安全制度制定与实施。

以打造全国"平安景区"品牌为目标，建立安全机构，完善景区医疗设施，建立应对突发事件的快速反应机制，与地方医疗卫生机构建立紧急救援协议等。

制定《景区突发事件工作预案》，做到职责明确，程序清晰。

制定《景区旅游高峰期游客安全处置预案》，科学管理游客容量，在旅游旺季合理分流。在旅游高峰期、特殊时间段，启动两项景区安全预案，对各类事故形成快速反应，要求安保人员第一时间奔赴现场，根据预案，迅速处理问题。

（2）旅游安全宣传教育。

完善旅游区的安全说明系统，包括安全说明和须知等；定期开展旅游安全教育活动，组织安全演习，提升居民和游客消防安全意识（图4-2）。

例如阆中古城，在游客集中的阆中古城区（如状元街、管星街等）设置安全说明和图示；在嘉陵江上设置安全须知、警告和图示，并且要在水上游乐活动开始前，引导游客了解安全须知和救助方法；在锦屏山等四周

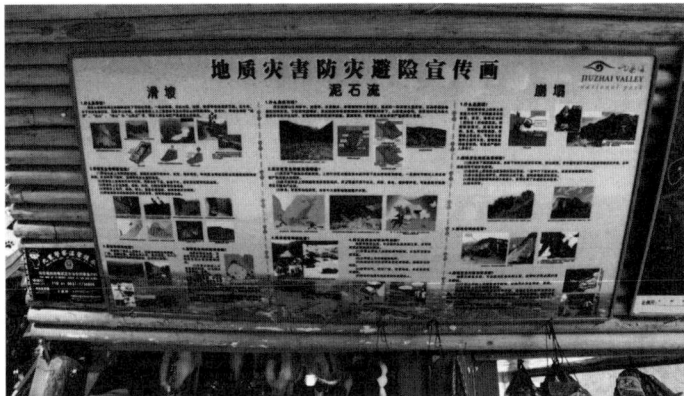

图4-2 九寨沟风景名胜区旅游安全宣传教育 （栾振峰 摄）

山地景区上完善安全宣传系统，设立安全广播，可辐射到嘉陵江畔，作为锦屏山等四周山地景区和嘉陵江的安全语音系统；组织阆中古城民间消防队，定期培训考核，对居民和游客积极宣传阆中古城防火的重要性等。

3.购物场所和质量管理提升

制定《景区旅游购物场所管理制度》，加强对购物散点的布置，防止恶性竞争。

制定《景区旅游商品投诉管理制度》，发放统一标价签，价格公示。

对各主要景点的购物场所进行检查、整改，要求造型、色彩、材质与景观环境相协调；布局合理，不破坏主要景观，不妨碍游客游览，不与游客抢占道路和观景空间；外部广告标志不影响观景效果；购物场所集中管理，环境整洁，秩序良好，无围追兜售、强买强卖现象。

4.商品经营从业人员管理提升

强化售后服务管理，对诚实守信的从业人员给予奖励，对违规经营者予以通报批评和经济处罚。此外，对商品投诉建立档案，规范经营者。建立旅游购物管理档案。确保各项规章制度贯彻得力，确保有一年以上完整执行记录。

4.2 游客满意度提升工程

旅游景区游客满意度的提升是一项系统工程，它涉及多个方面，具有系统性、长期性、挑战性和渐进性四个显著特点。

游客满意度提升需建立在细则一、细则二提升的基础上，同时还要做好游客满意度动态跟踪工作。

4.2.1 开展游客满意度调查

景区应每年组织进行至少3次的游客满意度问卷调查，并定期对游客意见进行调查。有针对性地进行游客需求和满意度调查，为游客和景区搭建直面式平台，能够迅速有效地了解游客心理需求，从而对景区管理、营销和服务提供针对性指导，指明工作改进的方向，使景区出台实战性方案。

游客满意度问卷调查表主要有两种方式：一是国家旅游局制定的《旅游景区游客意见调查表》；二是景区内部制定的游客问卷与建议表，例如《天鹅湖湿地公园游客问卷与建议表》，建议从交通、公共安全、游乐项目、通信、卫生、景区物价、餐饮休闲、服务质量、视觉美观、基础设施、商品丰度、人员效率、服务态度等方面进行调查，设计游客建议项，请游客各抒己见，增强功能性和实战性。

调查表的分发与收集：一年内进行3次以上的游客问卷调查，应采取随机发放方式。每次发放的问卷数量为50～100份，即时发放，即时回收，最后汇总统计，在发放收集的过程中应保证有效回收率不应低于80%。原则上，发放对象不能少于3个旅游团体，并注意游客的性别、年龄、职业、消费水平等方面的均衡。

调查意见处理：由专人负责问卷统计，将游客反映的问题和改进意见，整理成报告，上报景区管理部门，由景区管理部门组织相关机构和专家研究，针对游客提出的问题，根据景区实际，提出意见和建议。本着"发现问题、解决问题"的基本方针，将座谈形成的整改措施迅速付诸实施。

4.2.2 完善游客投诉机制

建立游客投诉中心，公布投诉电话，及时处理游客投诉，并将处理结果存档。以良好的"口碑"形象，赢得回头客和潜在市场客源，提高游客忠诚度。

4.2.3 建立游客电子意见库

在景区的官方网站上设立访客留言栏目，及时解答及解决游客问题，并虚心倾听游客对景区的修改意见，提升成景区的改进措施，对提出重大建议的游客给予奖励。

4.2.4 培育稳定客户群体

在市场调查基础上，通过游客意见和常客资料数据库，掌握游客的旅游意向，为不同的客户提供个性化的旅游线路和服务，促使旅游景区对现有产品结构优化调整和配置，提高产品的服务质量。

加强售后服务管理，对游客进行品牌后续追踪和满意度调查，提升品牌的满意度和知名度。定期通过电子邮件、贺卡、明信片等方式向游客传递景区新动向和活动策划，以老朋友般的热情感染游客，从细微之处体现景区对游客的关注。

推出旅游常客计划，对重游客户提供优惠政策，对于介绍他人来景区旅游的游客可给予奖励。例如推出会员制度，会员游客除可在旅游商品、演出观看等方面享受一定折扣外，还享有附加服务，如优先预订服务、预留房间优先权、积分送礼品等，给会员游客以身份认同感。

4.2.5 强化景区与游客互动

发起"寻找100个景区感动你的细节"活动，鼓励游客主动参与提升景区服务质量，增加景区与游客的互动，增强游客对景区的了解。

4.3 智慧旅游系统提升工程

4.3.1 智慧旅游景区建设

智慧景区是指科学管理理论同现代信息技术高度集成，实现人与自然和谐发展的智能运营景区。智慧化建设将成为中国未来旅游业发展的一个重要内容，响应2015年全国旅游工作会议工作报告中注重信息化等新技术、新手段的应用号召，积极主动融入互联网时代，把"大旅游、大产业、大融合"的观念融入旅游信息化发展中。打造包括电子政务、旅游公共信息、电子商务、网络旅游营销等内容的旅游信息综合服务体系，让游客享受更加便捷安全、多彩快乐的旅游，为旅游产业转型升级，驶入快速发展轨道注入新内涵与新动力。

1.建设内容

通过物联网对景区进行全面、透彻、及时的感知；对景区实现可视化管理；利用科学管理理论和现代信息技术完善景区组织结构，优化景区业务流程；发展低碳旅游，实现景区环境、社会和经济的全面、协调、可持续发展。

2.建设理念

（1）充分挖掘旅游信息资源，全面覆盖游客、旅游经营者、旅游管理者三类主体需求，提供完整的能够纵向贯通的旅游应用服务。

（2）横向能融合。对三类主体提供的服务，功能上相互配合和补充，数据层面上最大限度共享，执行上协同联动。

（3）外围能扩展。扩展和融合来自相关行业（如交通、商贸、卫生等）的信息，并与其他智慧系统进行数据交换和共享。

（4）整体可对接。智慧旅游能够无缝对接到层次更高的智慧化体系。

3.建设举措

（1）信息化建设。利用物联网、互联网技术，将游客、景区管理者、运营者连接起来，形成可感知、可反馈的高效运作整体。

（2）业务流程化。以游客利益和环境保护为出发点，整合职能部门，将交叉、重叠、断裂的流程改为并行的流程，形成流畅的信息渠道，提高服务质量和管理效率。

（3）组建战略联盟。与相关科研院校、研究机构、酒店、旅游运营商、航空公司、IT公司、营销传媒、培训机构合作，建立资源共享、优势互补、风险共担的战略合作伙伴关系，从一定程度上整合景区建设所需的资金、技术和人才资源。

（4）危机管理。设置应急管理办公室，针对汛期防洪、森林防火、游客高峰疏导以及其他突发状况，提出预案，组织救灾疏散演练，通过培训教育、张贴宣传画等多种方式，提高游客及景区工作人员的防灾减灾意识和应急避灾能力。

4.3.2 智慧旅游景区旅游智能信息系统构成

智慧景区旅游智能信息系统，不仅注重各种高端信息技术在旅游信息服务中的运用，同时也将突破单一面向游客的常规旅游信息服务模式，同时兼顾游客游赏需要和管理者管理需求，构建面向不同类型游客和景区管理者的双向信息服务体系，全面实现景区旅游游赏服务和旅游管理的智能化。

1.面向游客——旅游信息子系统

具体功能包括：信息咨询和旅游服务两大模块。其中，信息咨询主要发布旅游产品信息、交通信息、天气信息等，旅游服务模块是接受餐饮、住宿、娱乐、会议等产品预定。

面向使用电脑、上网本、智能手机等高科技接收终端的游客群体，通过建设专业旅游网站以及覆盖广场的局域无线网络和3G网络，提供全方位的智能信息服务（图4-3）。面向尚未掌握新一代信息技术的一般大众群体，以短信、热线电话、广播频道等传统信息的方式为游客提供信息服务。

2.面向管理者——智能管理子系统

具体功能包括：收集游客信息，掌握游客行为规律，辅助服务管理者制定广场管理方案；动态检测游客空间分布规律和环境数据，为旅游设

图4-3　台儿庄古城景区旅游信息化建设　（刘明丽 摄）

施、环卫力量、安保力量的合理配置提供依据；实现全自动化办公和智能化资产管理，提高管理人员工作效率。

由于部分景区区域较大（如九寨沟），景区大部分空间具有开放性和游客分布不均匀的特征，造成游客管理压力较大，传统的旅游区管理模式较难发挥效应。未来，可通过智能管理子系统的构建，通过布设覆盖景区的智能检测设施，及时搜集游客信息，掌握游客活动规律，从而为管理者制定各类管理决策提供科学依据。

4.3.3　智慧旅游景区智能化信息系统模块构成

智能信息系统分为七部分，包括：电子票务系统（电子门票系统、二维码门票验票、条形码门票验票）、景区信息发布、客流趋势与预警系统、基于位置与身份识别的服务系统（固定终端、移动终端、智能卡）、深度旅游引导系统、停车场管理系统、配套保障系统（环境保障、交通保障、灾害防控、公共安全）。

第二篇
A级旅游景区运营管理

第5章　旅游景区运营管理理论

5.1 旅游景区管理

5.1.1 旅游景区运营管理基础

1.科学管理理论

这一理论形成于19世纪末至20世纪初，其代表人物是美国古典学家弗雷德里克·泰勒（Frederick W. Taylor，1856～1915），主要内容是提出了科学的工作方法和应用激励性的工资制度，并提出"寻找一流的工人"的管理方式。该理论的出现成为科学管理式产生是管理从经验走向理论的标志，也是管理走向现代化、科学化的标志，对管理学理论和管理实践具有深远影响。

2.行为科学理论

行为科学理论产生于20世纪30年代梅奥教授的"霍桑实验"，是一种人群关系理论，主要研究人类行为的动机与组织，研究内容包括个体行为、群体行为、组织行为。著名的有马斯洛的"需要层次理论"，赫兹伯格的"双因素理论"，麦克雷戈的"X理论—Y理论"，布莱克—穆顿的"管理方格图理论"等。行为科学既是管理理论的发展又是管理实践的总结，它的产生推动了管理理论的发展并且提高了管理实践的有效性。

3.现代管理理论

现代管理理论是继科学管理理论、行为科学理论之后，西方管理理论和思想发展的第三阶段，特指第二次世界大战以后出现的一系列学派。与前阶段相比，这一阶段最大的特点就是学派林立，新的管理理论、思想、方法不断涌现。美国著名管理学家哈罗德·孔茨认为当时林林总总共有11个学派：经验主义管理学派，人际关系学派、组织行为学派、社会系统学派、管理科学学派、权变理论学派、决策理论学派、系统管理理论学派、经验主义学派、经理角色学派、经营管理学派。

现代管理理论的发展可以体现在以下方面：管理内涵进一步拓展，管理组织多样化，管理方法科学化，管理手段现代化，管理实践丰富化。纵览各个学派，虽各有所长，但是可概括有如下共性：强调系统化；重视人的因素；注重发挥"非正式组织"的作用；广泛的运用先进的管理理论与方法；加强信息工作；把效率和效果结合，即重视绩效；重视理论联系实际；强调"预见"能力；强调不断创新。

现代管理理论实为一个综合性的管理理论体系，它广泛地吸收了社会科学和自然科学的最新成果，把组织看作一个系统，进行多方面有效管理，从而有效整合组织资源，达到组织的既定目标和完成组织应负的责任（表5-1）。

现代管理学基本理论在旅游景区管理中的应用　　　　　表5-1

管理学基本理论	在旅游景区中最适宜应用的领域
科学管理理论	旅游景区服务质量管理（标准化、规范化）、设施与工程管理等
行为科学管理	旅游景区人力资源开发与管理、员工激励、旅游景区人文环境营造、游客行为管理等
管理科学理论	旅游景区物资管理、财务管理，旅游景区安全管理，旅游景区计划管理等
现代管理理论	旅游景区战略管理、规划管理、信息管理与管理系统设计等

来源：李洪波.旅游景区管理概述[M].北京：中国科学技术出版社，2010。

4.可持续发展理论

可持续发展理论是指既满足当代人的需要，又不对后代人满足其需要的能力构成危害的发展。在定义方面包含两个基本要素或两个关键组成部分："需要"和对需要的"限制"。满足需要，首先是要满足贫困人民的基本需要；对需要的限制主要是指对未来环境需要的能力构成危害的限制，这种能力一旦被突破，必将危及支持地球生命的自然系统。在具体内容方面，可持续发展涉及可持续经济、可持续生态和可持续社会三方面的协调统一，要求人类在发展中讲究经济效率，关注生态和谐和追求社会公平，最终达到人的全面发展

一个景区可持续发展水平通常由景区资源的承载能力、生产能力、景区环境的缓冲能力、景区进程的稳定能力、景区管理的调节能力等5个基本要素及其间的复杂关系去衡量。这5个基本要素分别构成区域可持续发展的基础支持系统、供给支持系统、容量支持系统、过程支持系统、智力支持系统。

5.1.2 旅游景区运营管理内容

1.游客管理

游客是景区的消费者，也是景区服务的对象，同样也是景区的管理对象，无序的游客管理不仅造成景区资源的破坏，也会降低游客的满意度并且产生安全隐患。

做好游客管理要在基本设施建设的基础上，做好以下三个方面：①游客行为引导与管理；②游客沟通机制管理；③服务性管理与控制性管理相结合。

2.当地居民管理

当地居民是景区的主人，也是景区文化的组成部分，当地居民的态度影响着景区的建设和服务质量，也影响了游客的旅游体验。因此，对当地居民的管理对景区的发展有着至关重要的作用。

对当地居民的管理主要有以下几点：①处理好游客与当地居民的关系；②处理好景区管理者与当地居民的关系；③处理好旅游利益分配关系。

3.工作人员管理

景区管理者和员工是景区的负责人，也是景区发展的直接推动者和受益人。景区管理者和员工也是各方利益相关者的协调人，负责处理景区与政府、居民、游客的多方关系。因此，如何做好员工的管理对于景区发展有着直接的意义。

对景区工作人员的管理主要包括：①制定完善的员工管理制度；②建设与完善人力资源的配置、管理与培训；③建立旅游服务质量管理及监督体系。

4.景区环境管理

优良的环境是景区的主要吸引力之一，随着旅游的普及，不断增长的游客数量对景区环境造成一定的冲击，景区环境管理在这种背景下就显得尤为重要。

景区环境管理主要包括：①制定环境保护政策法规；②进行环境保护规划和环境影响测评；③加强环保意识教育力度；④合理控制游客容量；⑤合理处理环境资源压力与景区经济的发展关系。

5.经营管理

旅游景区经营是指通过调动旅游景区相关投入要素，在有效保护旅游景区公共资源的前提下，对其合理利用并追求效率最大化的营销、管理与服务。对经营的有效管理能够提高景区的效率和效益。

旅游景区经营管理主要包括：①制定经营管理及景区资源开发的科学规划和政策法规；②协调利益相关者的关系；③制定景区范围内旅游经营的规范；④建立经营监管监督机制。

6.安全管理

安全事故的发生不仅给旅游者造成伤害，景区也会陷入信任危机，甚至会对旅游目的地系统和整个旅游业带来负面影响，因此，安全管理是旅游景区管理的重中之重。

旅游景区安全管理主要包括：①建立旅游景区安全保障体系和应急机制；②培训各类旅游安全员；③依法进行安全事故处理。

5.2　我国旅游景区管理中面临的主要问题

1.多头管理，体制不清

目前我国旅游景区的宏观管理格局可以简单概括为"多头管理，体制混乱"。根据我国现行的行政体制，各类风景名胜资源和文物资源仍分别归建设、林业、环保、文化、文物、宗教、海洋、地质、旅游等部门行使管理权，并按其科学价值、历史文化价值、美学价值和地域范围等划分为国家级、省级、县级，分别由各级相关行政主管部门管理。必要时成立相应的行政管理机构，如风景名胜区、国家森林公园、自然保护区管理委员会（或管理局）、文物管理委员会（或文管所）等，作为国家资源所有者代表，统一实施管理权。目前尚没有统一的行政管理部门对各种类型的旅游景区进行统筹管理，这就造成了景观管理的混乱以及政策实施的困难等问题。

2.机制落后，观念保守

当前多数A级旅游景区属事业单位编制，景区资金主要靠政府财政拨款，景区产品创新乏力，服务质量低下。随着我国经济体制改革的逐步深入，许多景区也在积极求变，主动进行管理体制改革，谋求进一步发展，但管理机制落后和思想观念保守使得许多景区管理体制改革成效并不显著。

3.秩序混乱，服务较差

我国部分景区旅游秩序混乱、服务功能不全，具有一定的安全隐患，旅游者的权益得不到切实保证。究其原因主要有三个方面：一是有的景区实行承包经营甚至层层转包，业主之间各行其是，缺乏统筹，致使景区管理秩序混乱；二是部分景区经营者急功近利，只注重新项目的开发而忽视内部服务设施建设；三是一些景区开发商为了开发地产项目而进行景区开发，忽视了景区的后续建设和管理。如在寺庙类景区利用功德箱私自敛财，博物馆进行非文物藏品类的商业经营活动等，为了解决这些问题，2015年全国旅游工作会议上国家旅游局对于旅游市场秩序问题，倡导建立旅游目的地警示制度和一票否决制度。

4.资源破坏，环境污染

我国旅游景区资源与环境问题主要表现在建设性破坏严重，生态资源退化，环境卫生压力过大等方面。究其原因，主要有：①部分景区管理者和投资企业素质不高，导致景区建设品级较低，造成资源浪费；②部分投资商过度追求经济利益最大化，在景区内大修大建，导致景区资源的建设性破坏；③景区管理存在漏洞，客流量较大造成资源破坏；④景区多头管理造成管理主体不明确，多个部门为了"圈地"而建设疗养院、培训中心等机构，造成景区景观破坏；⑤景区垃圾管理和处理方式粗放，造成景区卫生环境差。针对这一问题，目前很多地方在进行旅游条例修改和施行的过程中，都逐步增加了对于资源保护的关注和举措，通过出台相关政策、条例加大对资源的保护力度。如福建省2014年修改《福建省风景名胜区条例（草案）》，通过禁止在风景区内设立各类开发区，禁止进行商品房开发以及在核心景区内建设宾馆、酒店、会所、招待所、培训中心、疗养院以及与风景名胜资源保护无关的其他建筑物，以此达到保护风景区资源品质的目的。

5.条块分割，政企不分

在许多风景名胜区及文物景区中，由于条块分割和政企不分、政事不分，政府机关与旧国有企业的各种弊端纷纷体现出来。在经营接待上，基本上是等客上门，很少主动宣传；在经济收支上，财政拨款加单位创收，有的稍有盈余，多数入不敷出；在劳动人事制度上，机构臃肿，冗员众多；在分配制度上，死工资，"大锅饭"，平均主义盛行，不能有效地激发员工的积极性和景区的发展。这种管理体制和经营机制导致的结果，造成风景文物资源的闲置与浪费，带来风景旅游开发和经营中的无序、低效乃至破坏，严重困扰着资源环境的保护和地方旅游经济发展。

6.旅游开发不尊重居民利益

当地居民既是旅游目的地的主人，也是一种特殊的旅游资源和旅游业中的主要人力资源。近年来，景区开发商与当地居民利益冲突现象时有发生，主要表现在当地居民的政治权利表达空间窄，经济利益分配不均衡，旅游外部不经济性凸显。这些问题的严重性已经引起了社会的关注，增加了旅游景区的不稳定因素，也不利于景区营造和谐的旅游氛围，导致居民对外地游客的排斥性增强。要解决这些发展中的问题，相关部门应不断拓展双方利益诉求的制度化表达空间，适度控制开发的规模和速度，重视利益共享机制的建立。

5.3 管理热点与趋势分析

5.3.1 管理热点

1.居民参与，主客共享

相对于旅游景区而言，当地居民就是旅游景区所在区域（或周边）居住、参与旅游开发、管理或服务等旅游经济活动并与旅游景区有一定利益关系的人群。他们共同构成了带有一定人际交往模式或社团意义的基层组织——社区，故当地居民又称社区居民。在这个区域内，他们的经济活动、生活方式和文化传承乃至基本利益有近似或一致的特征。1997年6月，世界旅游组织、世界旅游理事会与地球理事会联合颁布的《关于旅游业的21世纪议程——实现与环境相适应的可持续发展》明确提出：可持续发展的旅游业必须保证社区成员，包括妇女和当地人都能享受旅游所带来的益处。这是在旅游业的官方文件中首次明确提出将社区居民作为关怀对象，并把社区居民参与旅游发展当作旅游业可持续发展过程中一项重要内容和不可缺少的环节（表5-2）。

旅游景区当地居民是旅游景区发展的主体，处于旅游景区发展的核心地位。首先，当地居民的参与有助于营造良好的人文环境，提升旅游景区形象；其次，居民参与是旅游景区创新旅游产品的重要补充；最后，居民参与是旅游景区可持续发展的必然要求。居民参与景区管理主要表现在参与旅游景区发展决策，参与旅游发展而带来的利益分配，参与有关旅游知识的教育培训三个方面，其参与范围应该贯穿景区旅游发展的全过程。同时，居民参与旅游景区管理应该建立完善的保障和激励制度，确保参与机制健全。

社区参与程度对景区管理的影响　　　　　　　　表5-2

项目	居民参与的表征	居民不参与的表征
经济方面	旅游景区对当地社区带来持续的经济利益。社区中许多家庭都能提高收入，生活条件能得到改善	旅游景区给当地居民带来的经济利益是小额的、暂时的。大多数的个人与家庭由于缺乏资金或技能难以从旅游业中获得直接收入

续表

项目	居民参与的表征	居民不参与的表征
心理方面	由于社区独特的文化与自然资源为外界所认可，居民的自尊心得到加强，促使他们寻求进一步的教育培训机会	由于许多人没有从旅游景区中获得利益，可能面临困境，对旅游抱有负面情绪。
社会方面	旅游维持或加强了当地社区的稳定，促使旅游景区运营成功，部分旅游收入又将用于社区的发展，形成良性循环	当地社会状况不稳定，许多居民盲目接受外来文化，失去地方特色，导致旅游目的地吸引力降低，本土文化遭到破坏
整治方面	社区的政治机构能够代表居民的需求和利益，让旅游企业听到居民的意见，并让居民参与到景区管理决策中	旅游企业把居民当作是被动的接受者，不让其参与旅游决策，旅游景区的发展和当地居民的发展互相独立

2.景区的旅游容量

由于带薪休假制度不完善，公民旅游趋同性等原因，每逢小长假我国景区的游客接待量呈现井喷状态，热点景区往往大大超过了景区的最大接待量，并由此造成景区资源受损、游客旅游体验差等一系列问题。

在2014年12月《国务院关于促进旅游业改革发展的若干意见》任务分解表中，提出要抓紧建立景区门票预约制度，对景区游客进行最大承载量控制，并且在2015年6月底前取得阶段性成果。2015年1月，国家旅游局下发《景区最大承载量核定导则》，要求各大景区核算出游客最大承载量，并制定相关游客流量控制预案。四川、重庆、上海等地区相继公布A级旅游景区的最大承载量。景区逐步推进旅游者流量监测常态化，技术手段主要包括门禁票务系统、景区一卡通联动系统、景点实时监控系统等，同时针对节假日及大型活动制定相应旅游者流量控制预案。国家旅游局表示游客达80%最大承载量应停售门票，当景区达到最大承载量时，要立即停止售票，并对外发布提示。

旅游容量相关概念包括旅游容量、旅游资源容量、旅游环境承载力、旅游生态容量、旅游感知容量、旅游经济发展容量、旅游社会地域容量等（图5-1）。除此之外，国外众多旅游容量理论也将景区承载力、游客体验等内容进行定性和定量研究，从而制定管理策略。比较有代表性的理论包括游憩机会谱（ROS Recreation Opportunity Spectrum）、游憩承载力

（RCC Recreation Carrying Capacities）、可接受变化的限度（LAC Limits of Acceptable Change Planning System）、游客体验与资源保护（VERP Visitor Experience Resource Protection）。

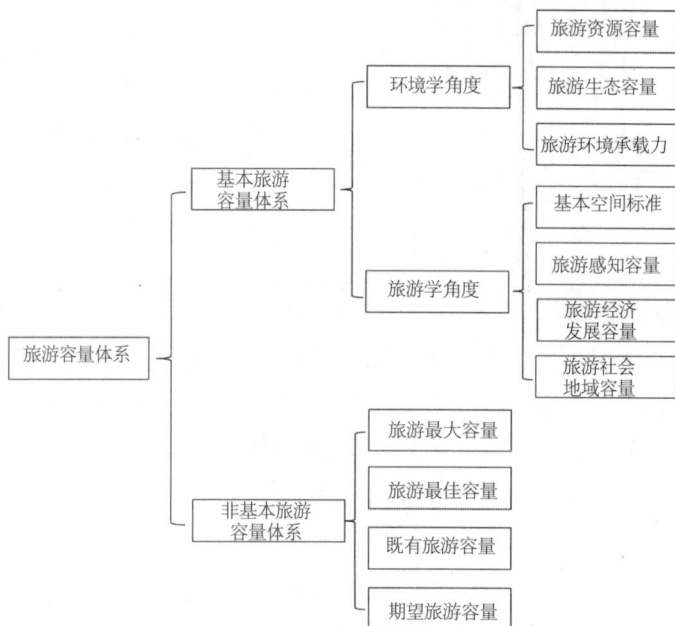

图5-1 旅游容量体系

5.3.2 旅游景区运营管理发展趋势

1.企业化体制改革

随着我国经济改革和转型的深入，我国旅游景区的产权改革迫在眉睫。2001年出台的《国务院关于进一步加快旅游业发展的通知》中明确指出，要鼓励多种经济成分参与旅游业的发展，有计划地逐步开放旅游资源的开发权。目前出让经营权的方式有多种，包括租赁经营、委托经营以及买断、拍卖等，但现在比较流行的做法是所有权与经营权分离、景区托管，并且在具体操作方式没有统一标准或流程，易产生景区价值误判、腐败、不合理开发、圈地等多种问题。因此，政府应充分发挥自身作用，做好监管和宏观调控，使景区在市场机制的作用下，进行企业化经营，将资源进行有效配置和管理，充分挖掘景区价值。

2.生态化景区建设

旅游景区的开发利用会对景区生态造成影响，该生态包括自然生态系统和人文生态体系，不当的旅游开发会对景区生态造成不可逆的破坏。因此，景区的生态化建设和管理是未来景区管理发展的必然趋势。景区的生态化建设是指景区在开发建设的过程中体现出生态性的特点，主要表现为生态规划理念、绿色建材、生态旅游项目，生态化的建设能够使景区在长期内有效保护景区资源，为景区的可持续发展奠定基础。景区运营管理生态化是指在景区的日常管理中，采用生态化的设施和能源，重视生态理念的宣传教育，让景区管理者、员工和游客都具有生态意识。

3.高品质旅游景区管理与服务建设

未来旅游景区的建设将向着精品化景区管理的方向演进，近几年，随着旅游投资的热门化，旅游景区成了资本竞相追逐的热点，高投资额必然催生精品化景区。精品化景区从设计规划到后期管理都要求走高品质路线，因此对景区管理人员的素质也将越来越高。例如，《国家商务旅游示范区建设与管理规范》（LB/T 038—2014）对国家商务旅游示范区提出了较高要求，包括设施齐全、环境优美、服务上乘、管理先进等，通过高品质的建设和管理要求以达到全国范围内的示范效应。

4.服务高科技化

现代科学技术将越来越多地应用到景区的规划、管理和运营中，高科技的发展如移动设备和在线支付等技术的创新性应用，将对景区的管理营运方式产生革命性变革，景区管理信息系统将进一步优化。景区在初期规划建设阶段，地理信息系统有助于景区进行精细的项目建设；虚拟技术的应用则有助于景区进行深度体验的情景设计和创意项目建设；随着互联网、自媒体的发展，景区的营销管理途径更加广泛；近几年飞速发展的电子商务和线上支付则为景区的赢利模式提供了多种手段；随着移动通信技术的发展，3G\4G的普及，以手机为代表的移动终端正在改变着我们的生活方式，同样也改变了我们旅游的方式，个性化娱乐体验、信息服务、位置服务、数据交换、交易支付等手机应用，将越来越多地应用到景区的开发建设和营运管理中。在信息技术爆炸式发展的今天，景区的管理将越来越智能化。

5.门票经济转向产业经济

2013年，湖南省凤凰古城收费的消息一经发布便引起轩然大波，景区"门票经济"的合理性讨论又一次成为热点话题。门票经济就是在一个特定的旅游市场内，经营者和管理者以收取门票为主导的赢利模式和管理方式的旅游经济。门票经济表面上显示了景区管理的落后和产品的单一，但其背后，暗示着我国政府对旅游业的投资太少，旅游系统不够完整，旅游产业发展落后，未能形成良好的产业链条。凤凰古城的门票制度草草收场便体现了我国景区从"门票经济"向"产业经济转型"的趋势，产业经济不仅仅指门票收入，更侧重于景区的存在所带动的旅游业内部其他部门经济的增长，侧重于景区对其他部门的拉动作用。产业经济不仅能够提高旅游业的整体收入水平，更能够满足多样化的旅游需求，建设更加稳定的旅游系统和旅游产业经济，是景区经济发展的必然趋势。

第6章　旅游景区运营管理实践

6.1 旅游景区营销管理——以广州长隆旅游度假区为例

6.1.1 旅游景区营销策略

在新经济时代的现代旅游业，营销、策划、管理、创新等无形资产的投入起着越来越重要的作用，甚至决定着市场竞争的胜负。因而，旅游业也被形象地称为"点子"产业、"注意力"产业、"创新"产业。景区旅游资源深层次的开发、旅游市场的有效推广和旅游产业高效率的运营，都离不开市场营销。

旅游景区营销的一大门槛，尤其是对志于创建5A级景区的游客来讲，要赢得游客量，国内游客每年60万人次，海外游客5万人次，需要针对景区营销投入更多的资金与创意。景区营销要获得成功主要解决以下3个问题：

1. 旅游景区自身吸引力是什么？

要明确景区自身的吸引力，首先应该对景区产品进行科学的定位，可采用攀附定位、心里逆向定位、狭缝市场定位、变换市场定位等方法来确定景区的产品定位；其次应该正确认识景区的产品，景区的产品不能仅仅理解为旅游地的风景名胜、人文景观、历史文化等，还应该包括必要的旅游设施、旅游环境、游客观赏和参与的活动项目、景区的管理和各类服务等。

2. 市场在哪里？

景区对旅游市场的选择是分层次的，首先要以地域为界去选择市场，然后再考虑其他影响旅游的因素。在以地域为界选择市场时，应该遵循由近到远、逐步扩大的原则展开市场营销。此外，景区的营销要瞄准中心城市，无论哪个地域的市场，都是以中心城市为主要营销目的地，因此中心城市的消费力量明显大于其他小城镇。

3.如何将自身吸引力与市场进行有机结合？

首先，要注重市场细分工作，并且准确了解各个细分市场对景区不同产品的偏好程度，从而在营销中，针对不同市场推介不同的景区产品；其次，实行联合营销、跨界营销策略，与区域内的景区联合营销，可提升整体吸引力，缔造地区品牌，吸引更大范围的游客，跨界营销则以点带面，提升目的地知名度，吸引更多类型的游客。

6.1.2 广州长隆旅游度假区概况

广州长隆集团始创于1989年，初始为餐饮企业，现已发展为一家集旅游景点、酒店餐饮、娱乐休闲于一体的大型企业集团。长隆旅游度假区是全国首批、广州唯一的国家级AAAAA景区，地处南广州中心腹地，东连华南快速干线，西接105国道，北临珠江。

向着"世界级旅游王国"稳步迈进着的长隆集团，旗下拥有长隆欢乐世界、长隆水上乐园、长隆国际大马戏、长隆香江野生动物世界、广州长隆鳄鱼公园、长隆酒店、长隆香江酒店、长隆高尔夫练习中心和长隆香江酒家等9家分公司。9大旅游版块联动，满足游客"巅峰游乐、亲近动物、品味吃住、时尚运动、合家赏乐"的多元化旅游度假需求，倾力打造一站式旅游休闲度假区，多次刷新中国乃至全球旅游产业标准，堪称"中国旅游新名片"。

6.1.3 长隆集团营销模式解读

1.延伸营销——长隆大马戏

长隆国际大马戏是广州"全球整合、中西互补、高举高打"文化的典型代表，已经成为广州文化名片和广州夜游首选。2005年10月，过亿打造的全球最大马戏表演场，承载诸多美誉的长隆国际大马戏正式独立经营，成为集团旗下独立的文化娱乐品牌。

差不多每个企业都在搞活动、媒体宣传与广告投放，可是最后出来的效果大相径庭，归根结底是思想不同，策略不同。与其他企业一样，长隆也将广告视为品牌传播的一大利器，但长隆的投放会尽量考虑更多更实效的方式。比如长隆对于国际大马戏的广告投放策略，首先分析了大马戏的产品特点，长隆国际大马戏是非传统的大马戏，是以马戏为主题的舞台剧，每日晚上演出，要求在有限的广告预算内，必须保证稳定的曝光度。于是，在宣传题材不够的前提下，长隆延伸产品内涵，寻求更低成本的广告投放方式。长隆突破大马戏常规旅游版单一投放的策略，放大了大马戏产品本身的演出因素，将大马戏广告放到版面广告成本较旅游版低几倍的报纸电影广告栏，以院线影视广告形式呈现。事后的广告投放效果调查显示，在新快报、信息时报、羊城晚报上投放的大马戏院线广告，由于马戏与电影目标人群的趋同，效果非常好，人均分摊投放成本仅0.58元，远高于此前旅游版常规媒体投放效率。

通过延伸产品内涵的方式进行媒介创新，实现从旅游广告到院线广告形式的跨越，这要求企业要具有良好的创新意识，不拘泥于传统的营销工具，在充分了解自身产品的优劣势和受众之后，更大范围、更多角度地寻找可行的传播方式。

2.全方位植入式营销——《人生大马戏》

求解营销困局的解决方案，思维绝不应是线性的，而是面性的。长隆从不过分倚重某一种单一的传播工具，而是考虑在最大范围内求解营销与传播的最优组合。"一招鲜"的时代早已过去，今天的营销竞争，更多的是系统与思想之争。

以日益流行的植入式营销威力，同样是植入式，长隆的营销手法却与众不同。相比业界很多品牌所进行的植入式营销，长隆展示的是全方位多层次的。其他品牌只是在剧情中简单曝光，只有当镜头拉到产品的Logo进行特写时，观众才知道是哪一个品牌。但在长隆拍摄的《人生大马戏》不同，不管是场地还是剧情，均以长隆为背景，长隆的信息在长达20集的影片中无时无刻不在与观众发生着或多或少的关系，几乎每一个看过《人生大马戏》的人都记住了长隆。

长隆与TVB的合作，开创了植入式营销合作的新范式。长隆诸如《人生大马戏》、《双子神偷》等植入式营销投入的不是现金，仅仅是自己的场地与人员资源。如此低成本投入能取得如此高的传播回报，堪称营销的最佳效果。

3.媒体营销——考拉文化

长隆所进行的媒体宣传，总是力求将某一个新闻点放大成社会最火爆的新闻眼球事件，引发整个社会的关注。比如长隆对考拉的媒体宣传，从引进考拉、考拉到中国、副市长看考拉，到考拉国宾馆落成、考拉之歌创作、考拉博客、考拉DV大赛，再到考拉首次生仔、二次生仔、双胞胎等新闻点的挖掘，将考拉题材做到了极致。

这一切都源于"绝不就活动而做活动，就广告投放谈投放"的长隆理念。长隆在考虑考拉项目推广时，希望一击即中，直取考拉本身所蕴含的产品本质，选择最直接、最高效的问题解决方案，而不是为了表演一场场让人眼花缭乱的"营销杂技"。这就要求长隆在叫卖考拉之前，要直击产品切合市场的最本质需求点，重点挖掘：到底是什么驱动着人们来看考拉，并从此喜欢上考拉。经过详细的策略思考之后，长隆选择推考拉文化，而不仅仅是考拉动物本身。因为动物本身的好奇点会因时间的延长而失去吸引力，但文化不会。考拉无论在中外，都可以创作出一个美丽的故事。人们喜欢将考拉与桉树视为坚贞爱情的象征，并相信在考拉与桉树面前许愿就如同生子拜观音一样灵验。于是，围绕着考拉的爱情传说，长隆将考拉进行了一系列拟人化营销包装：6只小考拉有了自己的中文名字，每天在自己的网络空间上写着自己的博客日志，唱着活泼可爱的考拉之歌，说着考拉口头禅，有了自己的壁纸、QQ表情等，由此引发的考拉征名、考拉博客、考拉DV大赛与考拉之歌演唱会等活动均引起了社会的极大关注。事实证明，这种超越工具整合层面的思想整合，效果是常规营销方式所无法比拟的。

4.跨界营销——营销盛事

打造"营销盛事"是长隆的另一大营销策略。多年来，"三驾马车"——节庆活动、公关活动、娱乐活动和会议活动等营销创新策略一直是长隆营销队伍树立长隆新形象的重要创新之举。通过多方合作的方式形成跨界营销，从而增强长隆的品牌影响力。

（1）与政府合作，引进珍稀动物。

2006年2月2日，两只白虎从香江野生动物世界启程前往泰国，作为中泰建交30周年的礼物，在泰国清迈安家落户。2006年4月27日，澳大利亚政府批准，澳大利亚昆士兰州柯拉姆宾野生动物园向香江野生动物世界赠送6只澳大利亚国宝考拉，由澳大利亚和中国兽医及动物专家护送抵达广州香江野生动物世界。国家林业局特批，国宝落户香江野生动物世界，2007年1月31日下午，来自四川卧龙中国保护大熊猫研究中心的3只可爱的大熊猫——阳光、新月、娜娜，抵达广州香江野生动物世界。

（2）与影视业合作，营造共赢局面。

2002年1月8日至28日，第十四届国际华裔小姐评选活动在长隆夜间动物园举行，长隆酒店成为这次指定接待华裔小姐的酒店。2002年暑假，香江野生动物世界举办"环球动物金像奖"，数十队国际动物表演团体在香江各大表演场轮番竞技。2003年10月，林子祥在番禺开演唱会，林子祥夫妇下榻长隆酒店。2004年1月，中央电视台《综艺大观》到长隆夜间动物世界进行拍摄。2004年6月，超模大赛国际总决赛参赛选手参加"世界超模看长隆"活动。2004年7月"美在花城"电视评选活动到广州鳄鱼公园及香江野生动物世界户外拍摄。2012年引进当时最火爆的娱乐节目《中国好声音》，在整个10月份，包括导师杨坤、庾澄庆，以及谢丹、李维真、吉克隽逸等20余位学员，在度假区连演11场。2013年电影版《爸爸去哪儿》在长隆动物园拍摄更是引发人气暴涨。

（3）与科教体育界合作，多元文化共同发展。

2003年2月，参加中巴之战的中国队、巴西队入住长隆大酒店，包括罗纳尔多、里瓦尔多、卡洛斯、德尼尔森等球星。2004年1月，长隆酒店被指定为中芬足球对抗赛下榻酒店。2004年8月，广东体育局与长隆酒店联合举办"中国游泳队世界游泳锦标赛凯旋而归"庆功晚宴，罗雪娟、战殊、杨雨和周雅菲四位冠军获得者出席晚宴。2005年暑假，香江野生动物世界举办第一届"动物趣味奥运会"。2003年10月，在长隆酒店召开生物医药与健康研究院会议，同来参加的还有两位诺贝尔化学奖获得者德国科学家胡贝和米歇尔，两位获奖者并发表了精彩演讲。2005年2月3日，世界殿堂级钢琴艺术家赵胤胤先生与世界著名时装设计师邓达智先生联手在长隆酒店国际宴会厅进行创作及参与表演了一场艺术界精品——"2005年时空乐旅新年艺术沙龙"慈善筹款义演，当晚所得款项全做慈善事业。

5.新媒体营销——微博营销

Web2.0具有极强的互动性、交互性、多媒体、自我创造的特性，只要具有一颗娱乐的心，任何人都可以制造新闻和传播新闻。可以利用这些特性，利用播客、博客、空间、电子杂志等形式最大化的进行事件传播。

（1）长隆微博营销要点：

①开园炒作：20万转发，引爆珠三角。

②分享游客口碑，让游客带动游客。对于旅游景区来讲，微博是最适合不过的营销平台，游客的口碑，比任何广告都有效。所以推广的核心就是刺激游客发布更多有利于长隆的微博，借此带动游客的粉丝也来长隆体验，从而促进销售，并带动下一波的口碑传播。

③充分利用微博的社交属性，刺激粉丝组团游长隆。所以，开展的微博活动，非常注重加强粉丝间的互动。

④创意炒作，将长隆的快乐极致化，并借助粉丝在微博上扩散。炒作要一炮而红，必须要让粉丝有不能拒绝的理由。这个活动将长隆"传递快乐"的宗旨发挥到了极致，让粉丝即刻心动，瞬间行动。

⑤内容聚焦玩乐项目，激发游客玩乐的欲望。长隆微博运营和炒作的目标很明确，就是传递长隆给大家带来的快乐。所以我们不做什么心灵鸡汤，不发不相关的段子，集中精力在"长隆创造并传递快乐"上。

（2）长隆微博营销效果（图6-1）：

①有效带动游客口碑传播，新项目热浪谷，从无到有，一个月增加40万的搜索量。

②覆盖人群，互动人群等大幅度增加。

③根据客户要求，曝光量在几天内从几千冲到940万。

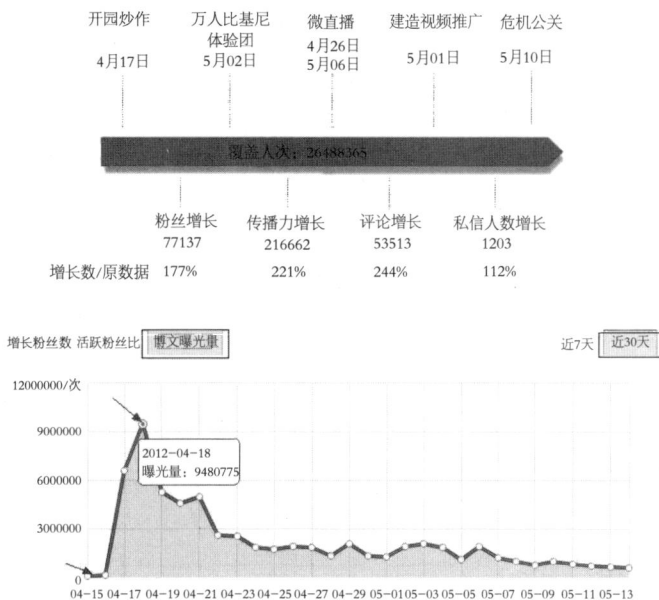

图6-1　微博营销效果

6.2 旅游景区服务质量管理——以焦作云台山为例

6.2.1 旅游景区服务质量在创A级景区创建的意义及特征

旅游景区服务质量是指利用设施、设备和产品所提供的服务在使用价值方面适合和满足客人需要的物质满足程度和心理满足程度，也就是客人在旅游过程中享受到服务劳动的使用价值，得到某种物质和心理满足的一种感受。

旅游服务质量与一般产品质量相比，具有旅游服务质量的自身特色——质量构成的综合性。旅游服务质量是由服务设施和设备质量、服务环境质量、服务用品质量、实物产品质量和劳务质量构成；质量显现具有短暂性，在旅游服务过程中，每次具体服务所提供的使用价值，其质量的显现时间都比较短暂；质量内容的关联性，旅游服务质量的具体内容包括有形质量和无形质量两方面，每一个方面又由多个因素构成，一些因素相互关联、依存、互为条件，如导游讲解乏味会影响景点质量的发挥；对员工素质的依赖性，旅游服务质量的高低，在很大程度上取决于景区员工的素质，他们的主动性、积极性和创造精神的发挥程度以及服务态度、服务技能、专业技术水平和劳动熟练程度，都直接影响旅游服务质量。

在国家A级景区评定三大细则中，细则一即为《服务质量与环境质量评定细则》，总分1000分，总共划分了八个大项，分别是旅游交通、游览、旅游安全、卫生、邮电、旅游购物、综合管理、资源和环境的保护（图6-2）。

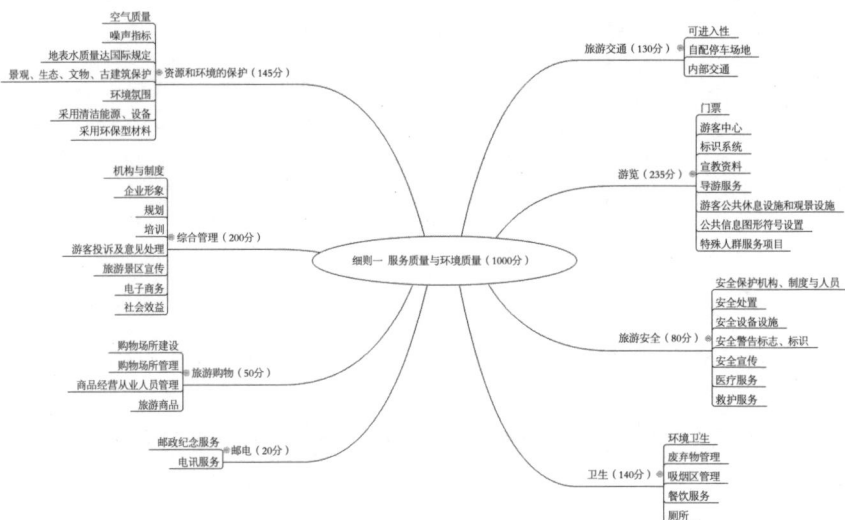

图6-2　服务质量与环境质量

细则一从硬件建设和软件服务两个方向细化了景区服务系统的建设标准，涵盖景区建设与管理的各个方面，覆盖游客游览景区的全过程。因此，景区在服务系统建设和服务质量管理方面需要从细节入手，提高服务体系的全面性和服务质量。

6.2.2 旅游景区在服务质量管理中存在的常见问题

游客对景区的整体满意度在很大程度上受到景区服务质量的影响。

零点研究咨询集团2012年对"旅游景区满意度调查"的调查结果显示，46.7%的公众认为旅游景区服务质量一般，不满意者约有12.6%。影响满意度最突出的问题是景点内就餐/购物乱收费（47.3%）、景点游览项目不够吸引人（30.8%）、景点工作人员服务差（26.2%）。由此可见，我国景区的服务还存在较多问题，尤其是人员服务水平还有很大的成长空间。

1.重视硬件服务设施建设，忽视人员服务水平管理

我国多数景区的硬件设施水平普遍不低，绝大多数景区都能达到相关标准的要求，但是多数景区却忽略人员服务水平的管理，诸如服务人员缺乏礼仪常识，服务积极性低，随意降低服务技术标准等情况时有发生。服务人员是与游客直接接触的景区代表，较低的人员服务水平将直接影响游客对服务满意度的评价，对景区造成负面影响。

2.景区服务人性化设计不足

人性化服务体现在景区服务的方方面面，小到厕所的洗手液，山顶的一杯热水，大到餐饮设施设计，景区道路建设等，都是人性化服务设计的内容，人性化的景区服务要求服务人员有较高的服务水平和良好的服务心态。而我国景区的服务人员素质偏低，员工缺乏培训，造成景区人性化服务水平较低。

3.缺乏可操作性强的服务质量管理标准

针对景区的服务质量管理，我国目前并没有出台全国性质的国标，仅有的《旅游景区服务指南》并未对景区服务质量管理进行详细说明，纵览各地方标准，也多是定性描述性的服务指南，并未对服务标准进行量化管理，这造成我国景区的服务质量管理无法可依，造成景区服务随意等情况。

4.缺乏服务质量信息反馈机制

在景区开展旅游服务的过程中，景区管理者往往更加重视游客游览之前的营销服务和游览中的旅游服务，却忽视了游览后的信息反馈机制的建设。顺畅的信息反馈机制不仅能够了解游客的满意度水平，促进景区的建设和服务质量提升，也能与游客建立长效机制，提高游客的重游率，提高景区在游客中的满意度。

6.2.3 云台山景区服务质量管理实践剖析

云台山景区，位于河南省焦作市，总规模190km²，是一处以地貌和水体景观为主的景区。云台山景区于2004年被联合国教科文组织正式命名为世界地质公园，成为我国首批5A级国家旅游景区。2012年被评为"全国质量工作先进单位"和"全国智慧旅游景区试点单位"，成为精品景区建设的典范。

云台山快速发展始自2001年，景区以"建精品景区，创全国文明，闯国际市场，树世界品牌"为目标，坚持品牌营销，加快建设进程，理顺管理机制，提升服务水平，从一个鲜为人知的普通景区迅速成为世界品牌、全国知名、游客向往的旅游胜地，被誉为"云台山模式"。在2010年全国5A级景区旅游总收入排行榜中，云台山力压一众老牌景区，上升至第14位；2011年，景区全年旅游门票收入3.7亿元，综合收入18亿元，财税贡献超亿元（图6-3）。

年份	收入(亿元)
2001	0.10
2002	0.27
2003	0.55
2004	0.90
2005	1.20
2006	1.57
2007	2.02
2008	2.23
2009	2.54
2010	2.95
2011	3.70

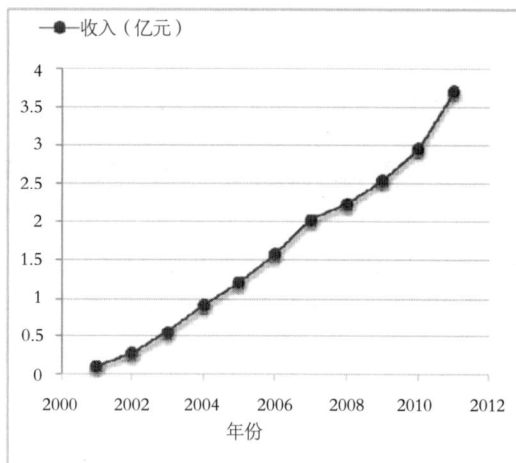

图6-3 2001~2011年云台山景区旅游门票收入

云台山旅游的快速崛起，与云台山管理部门注重旅游服务质量管理密不可分。云台山一直坚持"质量兴景"的战略，树立"不让一位游客受委屈"的服务理念，努力提升服务质量，通过规范化管理，实施细节服务、人性化服务，提升景区的核心竞争力，赢得了游客的认可。2006年被河南省评为服务标准化示范单位，2010年被国家旅游局确定为旅游标准化试点单位。

回顾云台山景区十年的发展历程，从一处不知名的地方景点到扬名全球的地质公园，从圈地售票的粗放景区到全国精品景区典范，云台山的发展证明了景区进行标准化、数字化、精细化服务质量建设的重要意义，对我国景区服务质量提升、精品景区创建具有重要的借鉴价值。

6.2.4 云台山服务质量管理措施

1.编制标准化管理体系，使服务质量管理有据可依

云台山景区自2006年便开始了标准化建设，先后完成了《云台山风景名胜区管理局标准化管理体系》2006版编制、发布、实施和2009版的编制。自2010年，云台山成功申报并入选首批"全国旅游标准化试点单位"，为了提高景区服务指标和标准化程度，云台山景区重新编制了《云台山风景名胜区旅游标准化管理体系》（2011版），该体系主要包含支持系统、要素系统、运行管理系统3大体系，19个子体系，650多个标准。其中，支持系统涵盖了规划建设、安全防护、环境卫生、生态保护、市场营销等10个子体系，要素系统围绕吃、住、行、游、购、娱六大要素对景区旅游服务活动进行了规范，运行管理系统中重点对人力资源管理、财务管理和行政管理等进行了标准制定，体系全面覆盖景区各个岗位。

2.完善交通设施，提高景区交通服务便捷性和舒适性

修武县政府和云台山景区先后投入近10亿元，对景区外部道路进行绿化建设和解说设施设置，方便游客采用各种交通方式到达景区；对景区内部道路实行分级管理，步行道系统以贴近生态、安全舒适为标准进行环线建设。除此之外，景区建设了占地面积35万m^2、5000个车位的大型生态停车场，购置了260辆尾气排放达到欧Ⅲ、欧Ⅳ标准的豪华观光巴士，建立了便捷、高效的内部交通网络；彻底改变了云台山景区进去难、出去难、停车难的交通问题（图6-4）。

图6-4 云台山健全交通体系

3.采用生态技术建设旅游基础设施，提高景区设施服务水平

云台山景区在旅游基础设施的建设上始终以生态为原则，按照"设计标准化、造型景观化、设施宾馆化、品位高雅化、服务星级化"的标准建设基础设施，避免对景区的环境造成破坏，从而影响景区的服务质量（图6-5）。景区以星级标准建设厕所，共建设三星级以上标准厕所15座，厕所内卫生条件良好，并且常年供应软硬两种卫生纸，每年卫生纸花费就超过百万。景区还建成了全永磁悬浮风光互补景区照明系统，实现了"零电费、零排放"；采用世界上最先进的无名火、无高温、无热流、无污染技术，建设了"绿色厨房"，可同时容纳3000人就餐的云台山餐饮服务中心。景区还大力推广新型能源，在停车场、景区道路沿线实现了风能、太阳能照明，并将水电等管线入地，避免对景观和资源造成破坏。在充分考虑与周围环境相协调的基础上，景区严格按照国家图形符号标准要求完善景区标识系统和解说系统，为游客提供最便捷的解说服务，提高游客体验。

图6-5 景区进行生态化建设

4.注重员工培训，以规范化的服务展现景区服务质量

为保证游客体验，景区设立严格的员工培训机制（图6-6）。树立"不让一位游客在云台山受委屈"，"人人都是旅游环境"，"突出人性化"，"注重精细化"四个服务理念，对全体职工和旅游服务从业人员进行了"态度决定一切，细节决定成败"和"一切围绕游客，一切为了游客"的职业教育，并规定在平时的工作中注重细节，规范着装，佩证上岗，说普通话，讲文明语，严禁出现任何有损景区形象的行为。景区服务人员都要经过培训并考试合格之后方能上岗，并在旅游淡季持续进行培训和训练，始终以最美好的形象面对游客，以最细致最贴心的行动服务游客，争取使每一个游客都能高兴而来、满意而归。同时，建立24小时投诉处理机制，规范投诉处理程序，在每个景点均设置有投诉电话、投诉信箱和意见簿，定期进行游客满意度调查，征询游客意见，确保游客投诉处理率100%，游客满意度96%以上。

图6-6　定期对员工实行培训

5.打造人性化景区，细致入微的服务展示景区高标准的服务质量

在规范化的基础上，云台山管理并不是机械化的，而是到处充满了人情味，考虑到游客的多种需求（图6-7）。在景区全面实施游客温馨工程，对游客实行八免费：免费提供开水，免费赠送导游图，免费旅游咨询，免费寄存，免费手机充电，免费加盖邮戳，免费如厕，免费提供手纸等服务。同时为了保证游客在整个游览过程全面禁烟，在游人集中地还为吸烟的游客修建了10个与周围环境相协调的吸烟点，满足抽烟游客的需

求。此外，还针对残疾人、老年人、有饮食忌讳的游客等一些特殊群体，设置无障碍通道，修建吸烟点，推出民俗特色饮食等。此外，景区还设立救援电话，成立急救小分队，配备医疗救护车，以便能够迅速处理危险情况。通过规范化的服务保障了游客的满意度，但更多的人性化服务又让游客获得了惊喜，提升了游客体验质量。

图6-7　加强细节服务，提升服务水平

6.重视游客信息反馈，采取多种措施聆听游客意见

景区为了进一步提升服务质量，了解游客需求，在景区各个环节都设置有游客意见表等设施，并且派工作人员进行游客调研，每周进行统计，及时了解游客的客源分布、出行习惯、组织方式、认知途径以及游客对景区设施、服务等方面的评价，并通过数据分析为景区提供特色化服务建议，并且对现有服务漏洞进行及时修改（图6-8）。

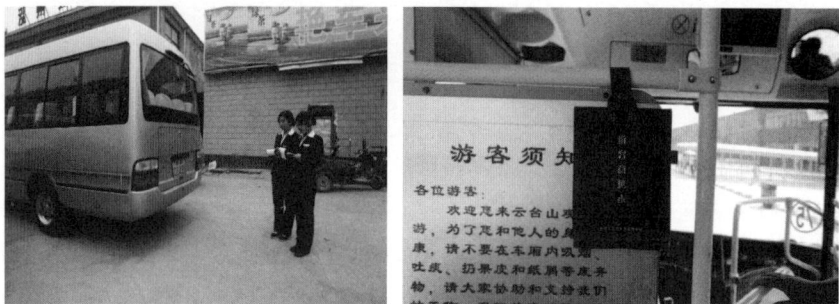

图6-8　增强景区工作人员与游客的沟通

7.采用高科技管理技术，提高服务便捷性和可控性，打造智慧景区

云台山景区按照"资源保护数字化，经营管理智能化，产业整合网络化"的要求，全面实施以网络平台为基础，信息技术为核心的数字化景区建设工程，在全国率先实施数字化管理（图6-9）。数字化系统集票务管理、调度管理、视频监控、信息发布、停车场管理、应急等诸多子系统于一体。通过这一系统，景区管理实现了客流、物流、资金流、信息流的合理高效运行。在全国景区中，云台山第一个将先进的车载GPS调度监控系统应用到景区管理当中，每隔25秒就可回传一张图片，实时监控230辆绿色观光巴士运行状态。在保证游客安全以及游览秩序的同时，对景区240km²内的自然资源进行监控，防止地质灾害的发生，有效地保护了景区内珍贵的地质资源。

图6-9　智慧化建设景区

6.3 旅游景区人力资源管理——以欢乐谷文化价值管理为例

6.3.1 旅游景区人力资源管理的基础知识

1.人力资源管理的含义

人力资源管理是指根据企业发展战略的要求，有计划地对人力资源进行合理配置，通过对企业中员工的招聘、培训、使用、考核、激励、调整

等一系列过程，调动员工的积极性，发挥员工的潜能，为企业创造价值，给企业带来效益。确保企业战略目标的实现，是企业的一系列人力资源政策以及相应的管理活动。这些活动主要包括企业人力资源战略的制定，员工的招募与选拔，培训与开发，绩效管理，薪酬管理，员工流动管理，员工关系管理，员工安全与健康管理等。即：企业运用现代管理方法，对人力资源的获取（选人）、开发（育人）、保持（留人）和利用（用人）等方面所进行的计划、组织、指挥、控制和协调等一系列活动，最终达到实现企业发展目标的一种管理行为。

2.我国旅游景区人力资源管理存在的问题

总体来看，目前我国旅游景区在人力资源管理方面取得了一定的成绩，涌现出了一批经营业绩好、社会评价高、员工满意度高的景区，但也普遍存在以下问题：

（1）管理理念和管理方式落后。

在大多数的旅游景区，仍然采用的是传统的人事管理模式，没有把景区人力资源的开发与管理放在应有的高度。不少传统的文化、自然景区在属性上仍是事业单位，在选人、用人、育人、留人等各个环节缺少自主性，一些新兴的旅游景区和改制为企业的旅游景区虽然在人力资源管理方面有了较大的自主性，但受制于管理者自身的局限，往往管理手段单一，缺乏科学性和系统性的规划。尤其是在一些规模较小、位置偏远的景区，旅游产品设计单一，从业人员数量少，专业人才又不愿意到这样的景区工作，导致管理的随意性相当大。

（2）高素质专业人才缺乏。

大量存在的景区为我国提供了大量的就业岗位，但从业人员的素质参差不齐，鱼龙混杂。直接接触旅游者的一线工作人员进入门槛低，待遇低，流动性大，服务技能和职业态度相应也差，形成恶性循环，而他们的服务在很大程度上影响旅游者对景区的印象和评价。同时，景区的产品开发、包装策划、营销推广等工作需要具有较高的综合素质和专业素质，而目前这类人才比较稀缺。许多景区在产品开发上跟风复制，产品严重趋同，或者做浅层开发，以噱头赚眼球，或者形象定位模糊，盲目推广，甚至一些景区主打神、鬼、怪等落后的文化主题，这些都反映出景区缺乏系统了解旅游景区运作、旅游市场发展规律以及旅游消费者心理的专业人才。

（3）人力资源开发投入不足。

不少景区在硬件的开发上往往不惜血本，投入重金，但在软件开发，特别是人力资源的开发上却显得保守。视人为"成本"的观念还有一定的市场，通过人力资源的开发所获得的收益具有一定的无形性，也在无形当中影响了管理者对人力资源开发本身的价值判断。因此，花费在储备培养高素质专业人才，对员工进行系统性培训，提高员工福利待遇等方面的资金常常可以让位于其他投资活动。景区管理者"有钱就有人"的思维方式制约了景区自身从业队伍的建设和提高，必然影响景区的可持续发展。

6.3.2　欢乐谷概况

欢乐谷是中国旅游领军企业华侨城集团继锦绣中华、中国民俗文化村、世界之窗之后，成功兴建的新一代主题公园，也是中国第一个自主创新的主题公园连锁品牌。欢乐谷承袭华侨城独有的创想文化内核，集成世界领先的高科技游乐设施、国际接轨的都市演艺精品、深具人文魅力的主题文化体验，用"动感、时尚、激情"的品牌个性与丰富内涵，向现代都市人提供愉悦身心的多元化旅游休闲方式与都市娱乐产品。

1998年，华侨城优质旅游产业集群中的耀眼新星——深圳欢乐谷在深圳湾畔应运而生，缔造了中国改革前沿城市的"欢乐神话"，并一跃成为中国文化主题旅游产业中最具代表性的创想符号。紧接着，欢乐谷在新的起点上，成功迈出"欢乐大中国"的健行步伐，以深圳为策源，北上京城，东进上海，西向成都，中落武汉，在中国各大经济核心区域的中心城市，与时代俱进，并形成了"东西南北，欢乐中国"的连锁布局。

6.3.3　欢乐谷文化价值管理

1.欢乐谷企业文化

欢乐谷从一个小公园发展为中国主题公园的领跑者，建设企业文化是其成功的秘诀。欢乐谷有一套系统的企业文化，并不断地建设升级。欢乐谷将"打造中国最好的主题公园"作为企业发展目标和欢乐谷人共同的使命,以"创造欢乐"为企业核心价值观,有效调动全体员工的热情和智慧参与企业文化活动,并把企业文化活动的成果用于工作,融入服务,成功实现"创造欢乐、传递欢乐、共享欢乐"的持续发展。

欢乐谷的企业文化可以表述成一个"欢乐文化动力环"。企业文化(culture)就像圆心,顾客(customer)至上理念是欢乐谷获得成功的必备要素,卓越的领导力(leadership)让欢乐谷的运作充满动力,以沟通渠道(tunnel)为连接各个节点的桥梁,成长舞台(raise)是员工学习和成长的良好平台,优秀员工(employee)是欢乐谷成功不可或缺的力量。这5个方面,Cu-L-Tu-R-E,共同构筑了魅力十足的欢乐文化。

2.欢乐文化为核心的人力资源管理

(1)顾客至上的永恒理念。

顾客是永远的伙伴,是欢乐谷成功的全部理由。在客户眼中,每一位员工都代表欢乐谷。欢乐谷用细节打动顾客,用爱心温暖顾客,用欢乐留住顾客。

重视细节,是众多企业的共识,欢乐谷凝练的秘诀是细节"E.A.T",指的是细在感情上(emotion)、行动上(action)、思想上(thought):细在感情上表现为欢乐谷的员工真心替每一个游客着想,在感情上关爱游客,注重与游客的情感沟通,在服务过程中促进与游客之间的感情共鸣,通过细节体现人文关怀与服务的真诚;细在行动上表现为欢乐谷的精细化管理——欢乐谷10多个一级部门以现有服务标准和各项管理制度为蓝本,制定系统的细节行动改进书,制定了具体的行动目标、行动步骤、行动措施、资源支持,并且制定了严格的考核制度;细在思想上表现为在思想上对员工进行武装,欢乐谷在读书月活动中推荐《细节决定成败》一书,还在各类培训当中不断强调"细节"的重要性,力求让细节化思维成为员工的一种思维常态。

用爱心温暖顾客能够展现出企业美好的形象,增加企业的美誉度。欢乐谷通过专门设置针对不同群体的园区和活动,传达对每一个顾客的爱。例如,见证爱情——欢乐谷在情人节和七夕节,举办情侣主题游园活动,推出具有纪念价值的情侣卡，在欢乐谷开业8周年推出结婚8周边夫妻购双人优惠套票活动；尊老敬老——为了表达对老人的关爱，欢乐谷邀请了全国上千名老人，举行了重阳节庆祝大会，通过各种有趣的活动共度重阳佳节；儿童之爱——针对单亲家庭中未能在父亲关注和呵护中成长的孩子，欢乐谷邀请单亲母亲带孩子畅游欢乐谷；社会之爱——欢乐谷作为深圳市"最具爱心企业"，致力于社会公益，多次对国内受灾地区进行捐助，或推出优惠活动。

企业谷不仅吸引顾客，更通过欢乐来留住顾客，通过欢乐无所不包、欢乐无日不断、欢乐无处不在的"三无"法则，共同构筑了欢乐的魔力。

（2）永葆激情的领导风格。

欢乐谷具有自己独特的领导风格，对员工的人格培养表现为：热切不断的求知欲，要求勤于学习，不可了无新意；卓越不群的创造力，要求思维开阔，具有丰富的创意；凝聚团队的合作力，具体表现为善于沟通，不崇尚个人主义。

学习力是推进企业发展的引擎，是激活企业要素的源泉。在欢乐谷，学习更是实实在在的行动。欢乐谷每年都会举办"读书月"活动，并推出相关的论坛和赛事，增强了员工的责任感，加深了管理者的历史使命感，促进了欢乐谷整体管理水平的提升。通过读书，培养了员工的"学习习惯"、"挑战自我"意识，促进了全员责任意识的提高，提升了全体员工的综合素质，提升了公司的核心竞争力。

企业创新能力的提升是企业竞争力提高的标志。欢乐谷的成长历程中，不仅重视公园硬件的创新提升，产品或服务上的提升，还包括内部管理的创新。欢乐谷不断地推陈出新，用新方法、新方式提升内部满意度，增强团队的凝聚力。欢乐谷设置了总经理信箱、总经理奖励基金，每年坚持开展员工满意度专项调研。员工可以通过新建的形式向公司提出合理化建议，这种方式不仅拉近了管理层与员工的距离，也可以让管理层感受到员工关心公司发展的积极心态。在内部管理上的创新提升了内部满意度。

欢乐谷非常重视企业的凝聚力。通过感动员工，把每一个员工当作大家庭的一分子，让员工体会到家的温暖。例如，欢乐谷每一季度都会为员工举行生日后，总经理还会给员工发送生日祝福短信，让员工把欢乐谷当作自己的家，欢乐和家人共分享。另外，欢乐谷还重视培养员工的团队精神，从而实现团队的凝聚、激励、规范、导向功能。

（3）永远顺畅的沟通渠道。

沟通渠道像一座桥梁，把企业和员工连接起来。欢乐谷推出了3种行之有效的沟通渠道：总经理会客室、三五小团队、圆桌会议。

总经理会客室：为了倾听员工的心声，为员工提供表现自我的舞台，欢乐谷定期举办"总经理会客室"活动。例如，2006年3月至5月，欢乐谷围绕"关注公司与个人发展"的主题举行了2次"总经理会客室"活动，有效地增进了管理层与员工的感情，让更多的员工理解公司政策，同时对公司未来的发展更有信心。

三五小团队：由各部门员工组成，可以是本部门，也可以是跨部门的员工，其工作职责就是在部门经理的带领下，参与企业管理，帮助企业发现问题，并针对问题提出改进建议。活动开展后，员工的积极参与对各项工程项目的完善和流程的再造提供了很多有价值的建议。这种工作模式，不仅给员工带来成就感和个人价值的实现，而且使员工更加关注企业的发展。

圆桌会议：欢乐谷采用圆桌会议，从而打破主次界限，使每一位员工平等交流，让信息更加畅通的传递。通过这种方式，淡化上下级之间的职位关系，让每个与会者都能畅所欲言，为企业的发展献计献策。

（4）提供广阔的成长舞台。

员工是公司发展的根本动力和服务的有生力量。欢乐谷通过全面实施人才强企战略，建立和完善人才培养、选拔和使用的机制，关注员工在不同发展阶段的不同需求和职业生涯，努力为员工实现自我价值提供给更为广阔的舞台。因此，欢乐谷建立了以企业文化为统领的培训体系，以培养员工职业道德观念为出发点，使每一个员工在思想和行为上与企业价值观保持一致，共同努力，去实现企业发展目标。

在职业道德培训方面，欢乐谷实施了多形式的培训教育方式。以思想教育为例，在以基层员工岗位培训对象的核心课程模板中，企业文化课成为重中之重。员工在入职的第一天就对企业的使命、理念、价值观有清楚的认知，从而更进一步地了解公司的各项管理制度，理解公司提倡的优质服务，认知岗位对自身的要求。在欢乐谷，企业文化课程不仅纳入入职培训课程体系，而且还纳入ISO9001管理制度。

欢乐谷还十分重视建立员工职业生涯发展路径，实现员工与企业共成长。在人才培养方面，欢乐谷以企业发展为契机，坚持以内部培养为主，为员工建立"内部培养、内部使用"和"内部培养、外部使用"双通道的发展路径：内部培养的方式包括内部培训、岗位轮岗、授权管理等，以提高培养对象的管理能力，内部使用可以通过竞聘上岗、破格提拔等方式，让有意愿、有能力的员工走上管理岗位，早日得到锻炼，还可以通过竞聘走向更高的管理岗位，参与集团的内部发展及社会发展。

（5）培养"六会"优秀员工。

好的企业离不开好员工，欢乐谷能迅速成长的原因就是因其培养了优秀的员工。欢乐谷以培养"会赞美、会表演、会导览、会合作、会细节、会创造"的优秀人才为宗旨，使每一位欢乐谷人都能成为最炫的明星员工。

会赞美：欢乐谷要求员工首先要学会对游客发自内心的称赞。赞美作为一种感觉很有效的交际技巧，有效缩短了人与人之间的心理距离。会赞美是欢乐谷员工的必修课，要让每一个欢乐谷游客欢乐而来，满意而归。因此，欢乐谷的秘诀是赞美要源于内心、发自真心、充满爱心。

会表演：在欢乐谷，不仅有专业的演员，还有很多业余表演者，他们都是在每个岗位上的一线员工，通过全身心投入到每一个场景中，引导游客参与其中。欢乐谷的员工不仅是一名演员，更是一位领舞者，在欢乐的舞台上带领游客共同创造欢乐。欢乐谷的表演极具个性，同时有一套规范可循，即活泼的语言、丰富的表情、灵活的动作。

会导览：导览是指欢乐谷的员工主动向游客介绍园区项目分布情况、讲解园区项目的特点以及节目表演时间表，为游客提供向导、讲解以及其他优质服务。这一服务主要依赖于与游客直接接触的一线员工。因此，欢乐谷注重培养员工人人都是导览员的思想，以做一个游客满意的向导为工作目标，要求员工语言正确、通顺，表达清楚、流畅，能激发游客玩乐的性质。这就要求欢乐谷要注重培养员工丰富的知识储备、优质的服务信念、快速的应变能力。

会合作：欢乐谷的企业文化强调团队协作的重要性，包括与他人交流沟通的能力、与他人合作的能力。欢乐谷的员工在发挥团队精神方面主要有3个方面的经验，即充分发挥个性，坚持协同合作，培养团队凝聚力。

会细节：随着经济一体化的发展，社会分工越来越细，欢乐谷非常重视员工细节的管理。对员工的细节要求体现在三个方面，即善于抓住影响全局的关键细节，在平时培养注重细节的习惯，在精益求精中追求细节的完美。

会创造：创造力是推动欢乐谷发展的核心力量，是欢乐谷员工必备的基本能力。欢乐谷以创造三法则——领悟性、领先性、领袖性为内功心法，不断提升员工及企业的创造力。

6.4 旅游景区产品管理——以东部华侨城为例

6.4.1 东部华侨城概述

1.华侨城发展背景概述

华侨城隶属于国务院国资委直接管理的大型中央企业，1985年伊始，华侨城集团从深圳湾畔的一片滩涂起步，坚持市场导向，构想出一条以人为本的可持续发展之路，成为一个跨区域、跨行业经营的大型国有企业集团，培育了旅游及相关文化产业经营、房地产及酒店开发经营、电子及配套包装产品制造等三项国内领先的主营业务。华侨城拥有600亿元固定资产，3.3万名员工，在世界旅游集团中排名第八。2009年11月，主营业务实现整体上市。至此，分别位居行业前列的几大核心主业和优质资源得到充分整合。其中康佳、锦绣中华、世界之窗、欢乐谷连锁、波托菲诺、茵特拉根小镇、华侨城大酒店、威尼斯酒店、城市客栈等著名品牌均享誉国内外。旅游业是华侨城最具社会影响力的主营业务，截至2010年底已累计接待游客1.6亿人次，已发展成为中国旅游业第一品牌。

　　华侨城的发展经历了5个发展阶段，其中主题公园的建立和全国性复制具有里程碑式的意义，具体发展历程见表6-1。

华侨城发展历程　　　　　　　　　　　　　　　　　　　表6-1

时间与阶段	特点	发展内容
1985年创建期	吸引侨资，创建侨城	外向型经济开发区，吸引侨资、引进技术、人才的窗口； 以吸引"三来一补"型加工业为主导功能
1989年起步期	主题公园，缔造传奇	锦绣中华、民俗村改写发展轨迹，形成"旅游主导型"发展理念； 引发国内兴建主题公园的第一轮热潮
1994年发展期	结构调整，主业定型	确立家电通信、旅欧和房地产为主营业务，提出"华侨城·旅游城"的发展战略 城区工业比重下降，优秀企业迅速成长，生产环节外迁 世界之窗、欢乐谷带来主题公园发展黄金期
2000年扩张期	基业长青，布局全国	"中华锦绣工程"战略目标，向外扩张 形成"旅游+地产"的发展理念 酒店业划入核心业务板块，规模化发展 进军传媒，吸纳深圳歌舞团，做大文化旅游产业

2.东部华侨城概况

　　东部华侨城坐落于中国深圳大梅沙，占地近9km²，由华侨城集团斥资35亿元精心打造，是国内首个集休闲度假、观光旅游、户外运动、科普教育、生态探险等主题于一体的大型综合性国家生态旅游示范区，主要包括大侠谷生态公园、茶溪谷休闲公园、云海谷体育公园、大华兴寺、主题酒店群落、天麓大宅等六大板块，体现了人与自然的和谐共处（图6-10）。其基本条件见表6-2。

东部华侨城建设条件　　　　　　　　　　　　　　　　　表6-2

项目	内容
区位	距离深圳市中心仅20km车程，香港、澳门、珠江三角洲城市群2小时车程范围内
交通	多条高速公路汇集，交通便利

续表

项目	内容
资源	滨海山地，大峡谷，原生态自然空间
规模	占地近9km²，总投资35亿元
整体定位	"让都市人回归自然" 贯穿自然、生态、科普、体验等先进开发理念，集生态旅游、户外运动、酒店、温泉、演艺、美食、购物等多功能于一体

图6-10　东部华侨城

6.4.2 东部华侨城产品管理模式

1. 多元化的产品构成，打造高端化的旅游综合体

东部华侨城的产品以休闲度假产品为主题，通过合理的功能规划和分区，将景区内的自然景观和人工建筑有机结合，将产品分为主体项目、辅助项目、配套项目三大系列，并通过不同的项目和产品组合，满足不同类型游客的需求（图6-11、图6-12）。通过集成文化的引入，丰富了景区的产品，深化了景区度假产品的内涵，打造了创新性的旅游体验，使得景区具有历史纵深感和时空感。

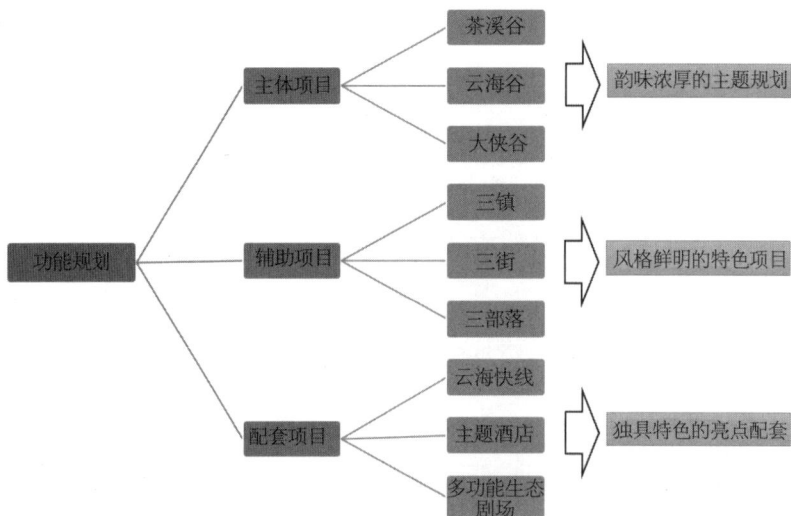

图6-11 东部华侨城功能规划

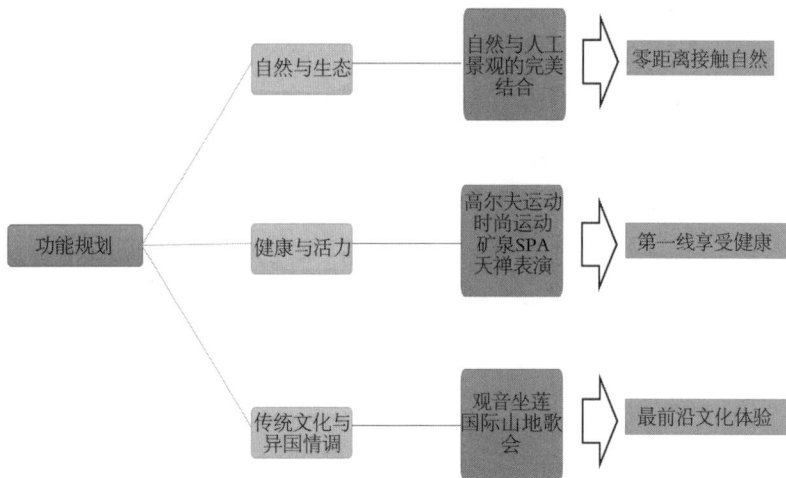

图6-12 东部华侨城创新体验分析

　　东部华侨城以"让都市人回归自然"为宗旨，以文化旅游为特色进行景区产品规划，在山海间巧妙规划了茶溪谷、云海谷、大侠谷三大主题区域，集观光、度假、科普、娱乐等多项旅游产品于一体，同时依托良好的旅游产品和生态景观，打造旅游商业和旅游地产等产品，以实现快速回笼投资的目的（表6-3）。

东部华侨城旅游产品分析　　　　　　　　表6-3

项目分区	客户定位	特色	产品
茶溪谷	观光度假	以茶、禅文化为主题的绿色生态旅游区重在休闲与怡情：包括茵特拉根小镇、茶翁古镇、三洲茶园和湿地花园等4个游览区，体现了西方山地小镇的风情、东方茶禅文化的融合、岭南茶园的幽雅和湿地花海的浪漫	观光产品：瑞士风情观光、田园观光、古镇观光 科普产品：湿地科普、农业科普 文化体验产品：茶文化、欧洲文化、传统文化、艺术表演 餐饮产品、度假产品
云海谷	休闲度假	云海谷在东部华侨城独有的湖光山色、云海奇观、悬崖飞瀑之间，云海谷是一个以高尔夫球、户外奥林匹克运动训练基地和野外拓展训练基地为中心的户外运动休闲胜地	度假产品 休闲健身产品：高尔夫运动、拓展运动、山地探险运动等
大侠谷	冒险生态	大侠谷俯瞰深圳东部黄金海岸线，旨在"将人类采险历程扩张至更大的未知领域"，集山地郊野公园和都市主题公园的特色于一身	观光产品：生态观光、异域风情观光 娱乐探险产品：设施娱乐活动、探险活动 文化体验产品：葡萄酒文化、生态文化 度假产品、餐饮产品
大华兴寺	禅修参拜观光	是一处展示中国传统佛教文化的宗教文化旅游园区。包括观音坐莲宝像、大华兴寺、大华兴寺菩提宾舍、妙相禅境、《天音梵乐》、大雄宝殿、众香界、香积斋、归一阁、云水堂等旅游项目	观光产品 佛教文化体验产品 购物与餐饮产品
度假酒店	度假	度假酒店每个都有不同的主题，并根据主题分布在不同的分区，度假酒店主要有：茵特拉根酒店、城堡酒店、黑森林酒店、瀑布酒店、房车酒店、菩提宾舍、火车营地、咖酷旅馆、汇聚山海	高端度假住宿产品 特色住宿产品 会议旅游产品

2.合理的产品推出时间，为景区提供源源不断的客源

东部华侨城旅游和地产同时拿地开发，经过2003～2006年4年的建设，于2007年正式开放景区的旅游板块，通过不断推出新的旅游产品，维持景区的旅游吸引力，从而通过旅游开发为地产产品提供价值平台。2008年开始分阶段地进行旅游地产销售，以便快速回笼资金，并用于旅游的持续发展。

（1）主题园区分阶段开发，先期以环境塑造和形象展示为主，中期以开发文化旅游产品为主，后期以开发刺激性主题体验项目为主（表6-4）。

东部华侨城主题园区开发时序 表6-4

	2007年开放项目	2008年开放项目	2009年开放项目
旅游项目	茶溪谷：三洲茶园、湿地公园 大侠谷：瀑布、风车 天禅：观音莲座 小镇：因特拉根古镇	大侠谷：云中部落 天禅：华兴寺 小镇：茶翁古镇	大侠谷：海洋之心探索之旅、黎明乐园大侠谷天街 小镇：海菲德小镇
开发特征	低投入的景观、体验及展示项目	高投入的主题文化体验项目	高投入的主题体验项目及主题娱乐项目
开发目的	塑环境聚人气立形象	建立圈层，实现客户价值	留客旺夜，实现区域价值
关键因素分析	旅游地产客户首要关注环境和形象 基建投入巨大，前期旅游项目低投入减轻财务压力 景观展示项目面向多元客户，没有较强的客户细分，易聚人气	旅游地产客户第二关注圈层。 主题文化体验项目易细分游客，区分游客的兴趣、爱好和信仰，建立圈层	客户居住需要晚上有人气，才有安全感 主题体验娱乐项目满足游客多样需求，留客旺夜，增加收入，实现区域价值
目标	环境塑造与形象展示	文化旅游产品打造	主题体验产品打造

（2）公众休闲配套提前开发，培育其价值成熟，后开放会员制休闲配套，驱动地产开发（表6-5）。

东部华侨城休闲配套开发时序　　　　　　　　表6-5

	2007年开放项目	2008年开放项目	2009年开放项目
旅游项目	景观、展示旅游项目	主题文化体验项目	主题体验娱乐项目
休闲配套	5200m²室外山林矿泉SPA 18洞公众高尔夫球场 66洞高尔夫练习场	18洞会员高尔夫球场 6000m²茵特拉根室内矿泉SPA 和健康管理中心	
开发目的	面向游客开放，培育矿泉价值及高尔夫价值成熟	为高端地产客户提供专署权配套，驱动地产开发	

（3）发挥酒店管理优势，打造主题酒店群：高级酒店立形象为先，服务地产客户与商务政客，主题酒店跟进开发，服务游客（表6-6）。

东部华侨城旅游地产开发时序　　　　　　　　表6-6

	2007年开放项目	2008年开放项目	2009年开放项目
旅游项目	景观、展示旅游项目	主题文化体验项目	主题体验娱乐项目
地产项目		天麓1、2、7区，超级高端地产	高投入的主题体验项目及主题娱乐项目
酒店	五星级瑞士风情茵特拉根主题酒店		大侠谷瀑布主题酒店 云海谷房车主题酒店 华兴寺檀越主题酒店
开发目的	立形象，为高端地产客户及商务政客服务		形成主题酒店群，为游客服务
关键要素分析	前期有众多商务政客前往考察，有高档住宿需求 高端地产销售需要高级酒店树立形象 高端地产客户商务交流和会议需求高级酒店		众多主题娱乐项目开放营业，游客停留时间延长，有经济留夜需求

东部华侨城经过合理的时序开发，现已拥有良好的生态和旅游环境，优秀的旅游形象和区域价值，完善的旅游产品和资金链条，目前其旅游产品发展处于深化发展期，景区希望通过娱乐和节庆旅游产品的开发，延长游客停留时间，进一步提升旅游收入和区域价值；急需开发高端旅游地

产，实现地产和旅游双赢利。

3.“旅游+地产”的赢利模式，为景区提供持续的赢利

（1）中流砥柱——门票赢利

东部华侨城作为收费项目的主题公园，目前的门票为：大侠谷门票180元，茶溪谷门票160元，二者组合门票260元，从2007年7月28日试营业，截至2008年年底，接待游客300万人次，旅游及酒店收入10.9亿元，之后的门票收入也一直居高不下。

（2）锦上添花——附属经营赢利。

首先，提供不同主题的高端度假酒店服务，针对不同需求的游客，提供不同的酒店服务，现已发展成为东部华侨城的旅游特色，为游客提供了良好的旅游体验。目前，酒店收入占华侨城总收入的相当比重。具体价格及销售情况见表6-7。

东部华侨城主题酒店销售概况　　　　　　　　　　表6-7

酒店	门市价（元）	房间数	开房率
茵特拉根酒店	2588~3388 4288~9788（别墅套房）	300	旺季70%，淡季40%
城堡酒店	38888（全套房）	25	/
瀑布酒店	1880~2880	94	旺季70%，淡季40%
房车酒店	1500	180	/
火车旅馆	898	62个包厢，230个床位	/
菩提宾舍	7900~11900	22	/

其次，丰富多彩的演出。东部华侨城的演出主要有《天禅》、《咆哮山洪》、《天机》、《天籁》等，演出采取另外购票的方式，如《天禅》门票价格为100元。演出不仅能够取得门票收入，同时还能吸引游客进行二次消费，并且提高游客对景区的综合评价。

最后，富含主题文化，具备知识文化产权的旅游纪念品。东部华侨城通过自己拥有的知识产权设计了一系列华侨城特色的公仔和旅游纪念。

（3）后劲十足——旅游地产赢利。

东部华侨城开发旅游地产天麓项目，在华侨城集团2008年度接近35亿元的主营收入中，地产收入为21.6亿元。主要地产收入来于东部华侨城天麓一区、二区、七区项目，三区的房价均价分别为13.5万元/m²、7.1万元/m²、7.8万元/m²。深圳东部华侨城天麓别墅区，创别墅之先河，把大宅置于景点中，同时大宅本身成为新的景点。这种别具匠心的设计赢得了市场，也赢得了华侨城的又一次地产投资的成功。东部华侨城依靠地产收入来带动旅游，同时产生了非凡的经济和旅游效应。

目前东部华侨城的主营收入为"地产+旅游"的模式，此模式推动了东部华侨城可持续的发展与赢利。"主题公园+主题地产"的综合开发策略，目的是形成从上游创意策划到下游商业服务的完整产业链，进而对区域经济产生促动。该模式主要有四大优势：

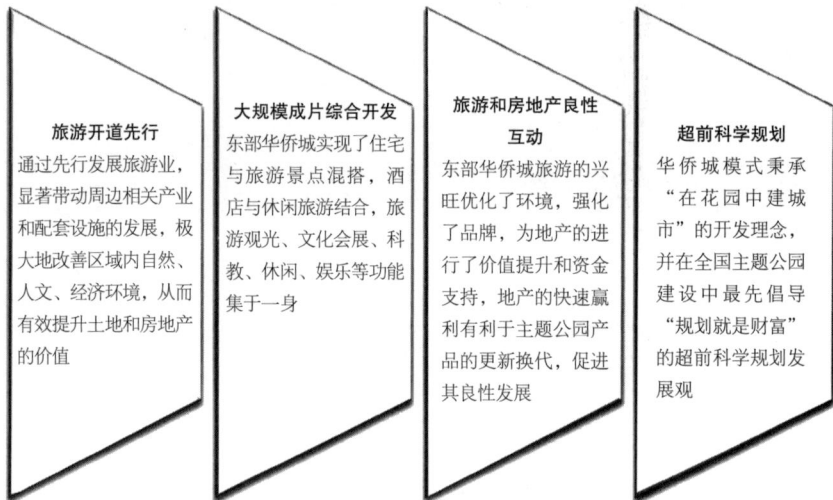

旅游开道先行
通过先行发展旅游业，显著带动周边相关产业和配套设施的发展，极大地改善区域内自然、人文、经济环境，从而有效提升土地和房地产的价值

大规模成片综合开发
东部华侨城实现了住宅与旅游景点混搭，酒店与休闲旅游结合，旅游观光、文化会展、科教、休闲、娱乐等功能集于一身

旅游和房地产良性互动
东部华侨城旅游的兴旺优化了环境，强化了品牌，为地产的进行了价值提升和资金支持，地产的快速赢利有利于主题公园产品的更新换代，促进其良性发展

超前科学规划
华侨城模式秉承"在花园中建城市"的开发理念，并在全国主题公园建设中最先倡导"规划就是财富"的超前科学规划发展观

图6-13 "地产+旅游"模式的优势

4.生态理念贯穿景区建设和产品规划

东部华侨城不仅是一个休闲度假、体验大自然的旅游绝佳地，也真正把环保用到了景区建设和产品项目中。东部华侨城寓教于乐的方式向游客推广环保知识，启发游客热爱、保护大自然的意识，这样不仅赢得了游客的好感，也让华侨城集团在全国进行产业复制、连锁的战略中能够得到当地政府的欢迎与信任（表6-8）。

东部华侨城生态亮点　　　　　　　　　　　　　　　表6-8

亮点	内容
大侠谷瀑布	利用瀑布景观与酒店建筑的完美结合，节约了旅游资源，增加了酒店特色
云中风车	风车既是风景又是电力来源，利用山地得天独厚的资源补充景区的电力，并成为景区一道独特风景
太阳能发电	利用太阳热能为景区监控系统每天24小时不间断供电，白天产生的多余电能可以输入到蓄电池，晚上可利用电网作为补充，从而使能源得到最大限度的使用
人工湿地	采用国际最新的三级水质处理技术，为三洲田水库提供了天然生态过滤网
水能发电站	实现了水库蓄水与水能发电的结合，是水能资源合理利用的生动教科书
污水处理站	项目内建有10个分散式污水处理站，每日可进行3500m³的污水处理量，分解后的水作为中水循环利用于景区植物的灌溉
气象站和环境监测站	气象站对灾害性天气进行预警预报，实时准确提供园区天气信息。即将建成的环境监测站将对项目内大气、水质进行监测及时了解环境参数的变化，为项目可持续发展提供专业保障
水土保持和林业研究站	对溪流、山体、林木和自然灾害进行评估、改造和利用，对边坡进行绿化种植复绿工程，实现生态绿色景观与水土保持的结合
热回收利用	充分利用空调余热制热、空气热原理等节能环保制热技术或设施，经系统高效集热处理后用于酒店、水疗等项目的热水热源，提高了系统的节能环保水平和集热效率
绿色运营	东部华侨城景区内设有公共交通，不允许机动车辆入内，所有办公用品均使用再生纸制成，垃圾实行分类收集和处理，生活垃圾通过加工变成生态肥料，构筑起绿色良性循环的软件系统

6.5 旅游景区信息化管理——以九寨沟智慧化建设为例

6.5.1 国内旅游景区信息化建设发展的趋势

1.旅游景区信息化现状

智慧旅游是旅游信息化的高级阶段，包含了数字技术、智能技术和虚拟技术等，是数字旅游、智能旅游和虚拟旅游的综合，覆盖了旅游的各个方面，如图6-14所示。

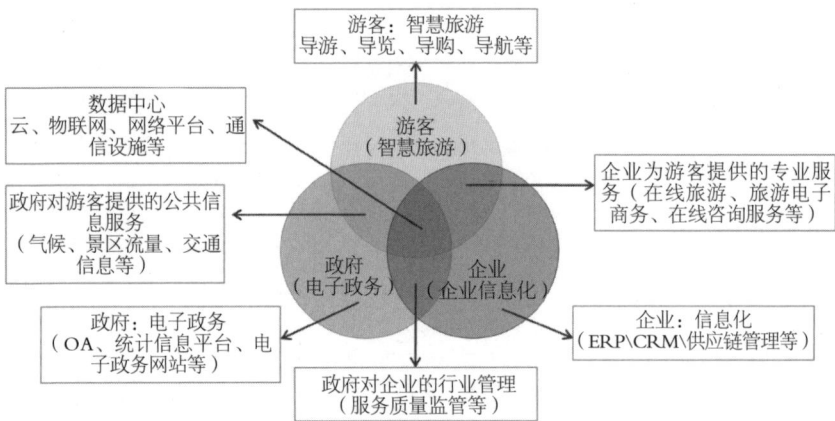

图6-14 智慧化建设的主要内容

智慧旅游的近期建设重点是在景区，主要实现三方面功能：游客服务、景区管理和旅游发展。首先，游客是主体，在旅游过程中，通过垂手可及的技术和设备便捷旅游活动，信息化管理与服务能够迎合旅游者对智慧旅游景区的需求，是景区信息化建设的出发点和落脚点。其次，景区是依托，用信息技术助力旅游景区管理，实现景区的规范化、标准化和科学化运营，是旅游景区健康发展的迫切需要。最后，发展是目的，信息化与社会进步相关联，能够促进经济、社会、文化、生态等全面可持续发展。

近几年我国景区信息化取得了较大的进展。从地区分布看，沿海地区景区的信息化程度比较高，内陆地区景区的信息化程度比较低；从A级景区看，4A、5A景区信息化程度较高，1A、2A、3A景区的信息化程度较低。目前国内一些大型景区都配有电脑和上网设备，有的还组建了电子商务公司，用于企业宣传公司形象、推介旅游线路、旅游景点、旅游相关产品、销售旅游产品、提供网上预订服务等。有的景点还设置了为游客服务的触摸屏信息查询系统，景区电子门禁系统，景区智能监控系统，GPS车辆调度系统，LED信息发布系统等。但是总体看来，我国景区行业信息化整体水平还比较低，离发达国家还有一定的差距，存在重投资、炒概念、轻服务、缺管理的现象，而且由于景区各自为营，景区的信息化建设出现孤岛化、分散化的趋势。

2.旅游景区信息化趋势

景区信息化建设必须首先在发展理念观念和机制体制上实现改革创新，以游客为中心，以可持续发展为准则，以大旅游、大资源、大数据、大产品、大服务、大管理的宏观视野来构建智慧旅游的发展体系和发展平台，全方位、全要素、全领域、全社会、全产业的数据整合集成和协同分享。信息化建设最终目的就是要让旅游者得实惠，实现旅游精细化管理和个性化服务。景区的信息化建设将带动景区变革，具有不可估量的发展前景。

（1）建立网络营销体系。

网络营销具有细分市场，精准营销、信息丰富、形式多样、时空无限，实时交互、投资不高，效果可测、多语种服务，营销全球化等优点。我国景区网络营销还处于起步阶段，很多景区对网络营销重视不够，缺乏专门的网络营销队伍，对网络营销不了解，不知道如何去作网络营销；对网络营销投入不足等等。随着网络旅游的兴起，景区必将加大网络营销力度，网络营销成为未来旅游营销的趋势。景区网络营销具体表现在政务网与旅游资讯网分离；从单纯的景区宣传向电子商务平台过渡；网络营销逐步纳入景区整体营销，有完善的计划和明确的目标；有实力的品牌景区开始整合区域内旅游资源，打造区域旅游营销平台；在营销策划、市场推广、客户服务和平台运营等各个领域与专业公司开展合作。

（2）建设景区电子商务。

景区电子商务平台是景区进行电子商务的基础。景区通过这一平台对相关旅游资源进行网上销售，旅行社则通过这个电子商务平台，实现对景区门票、区间车票、游乐设施、住宿、餐饮等相关旅游资源的网上预订。景区旅游电子商务平台的建立，把过去粗放静态的人工票务管理变成了精细动态的数字管理。景区管理部门每天都能准确把握次日游客总量，提前做好景区交通、餐饮、娱乐等相关服务资源的配置，不仅大大方便了游客，而且减少了管理的盲目性，降低了管理成本，使管理精细化、决策科学化。

（3）建立虚拟旅游景区。

以全景虚拟现实为主要技术手段的虚拟现实技术，全面展示旅游景点风貌，给游客身临其境的感受。有一项统计显示，45%的成年美国互联网用户使用过虚拟旅游这一功能。三维虚拟旅游展示系统，可通过互联网浏览，无需下载软件，具有直观了解旅游景点，方便国内外游客，有利于旅游招商，完善旅游系统网站，信息搜索引擎等功能。

（4）建设无线数字景区。

无线网络技术在景区的创新应用是信息化景区建设的新趋势。利用有线网络进行数字化建设是有很多困难的，地理位置的不方便，周期长，投入大等；而无线网络安装周期短，后期维护容易，可以进行一网多用、点对点、点对多点的应用，包括无线人员通信、游客的流量监控和疏导、无线呼救等。

6.5.2 解读"智慧九寨"

1.创建智慧九寨的背景

九寨沟位于四川省阿坝藏族羌族自治州九寨沟县（原南坪县），地处东经103° 46′～104° 4′，北纬32° 54′～33° 19′，总面积720km²。因沟内有荷叶、树正、则查洼、盘亚、亚纳、尖盘、黑角、热西、郭都九个藏族村寨而得名。九寨沟以3沟114海组成的高山峡谷自然景观为代表，具有世界性独特的科学和审美价值。其翠海、叠瀑、彩林、雪峰、蓝冰和藏族风情"六绝"闻名于世，成为中外游客向往的"童话世界"。九寨沟有着丰富的动植物资源。物种的珍稀性也非常明显，高等植物中有74种国家Ⅰ、Ⅱ级保护的珍稀植物，其中，Ⅰ级有3种；动物种有国家级保护动物47种。1982年经国务院审定为国家级重点风景名胜区，1992年经世界遗产委员会审议确定为世界自然遗产地，1997年加入世界人与生物圈保护区，2007年被评为国家首批5A级景区（图6-15）。

图6-15　九寨沟旅游地图

（1）景区环境保护压力增大。

九寨沟作为世界自然遗产，每年吸引数百万游客前来，尤其在旅游高峰期，游客在景点上过于集中，旅游活动对旅游地环境带来了显著的负面影响。游客相互拥挤产生不适，导致更多人主动或被动地离开栈道，直接对植被、土壤、水质等环境因素造成破坏。

（2）景区游客限量压力巨大。

在旅游高峰期，各景点的游客数量分布不均。在同一时间段，一些景点游客人数多达数千人，呈现超载状态，一些景点低负荷运转，呈现弱载状态，甚至还有景点呈现空载。高峰期游客集中游览，"洪峰"跃进，传统的景区管理方法很难解决这类问题。

（3）景区游客满意度降低。

游客高峰期九寨沟景区游客过于集中，造成景点游客拥挤，行进速度减缓甚至停止，人潮成为第一景观，安全隐患加重；景点照相、车站候车、餐厅就餐、厕所如厕等候时间长，资源争夺现象不时发生；噪声、环境破坏现象与美丽的自然景观形成强烈反差，而景区的管理人员又不能适时地解决问题或者态度较差，这些原因都造成游客对九寨沟的满意度降低。

2.九寨沟创建智慧景区历程

"智慧九寨"是九寨沟景区管理的智能化，它是建立在集成的、高速双向通信网络的基础上，通过先进的传感和测量技术、先进的控制方法以及先进的决策支持系统的应用，有效改善九寨风景区商业运作和公共服务关系，实现九寨沟旅游资源的优化使用、生态环境的有序开发和保护、游客满意度提升、产业效益最大化的目标(表6-9)。

九寨沟创建智慧景区历程　　　　　　　　　　　　　　　　表6-9

阶段	措施
准备阶段1999-2009年	2002年：实施国家课题"数字九寨沟综合示范工程"，先后建成旅游电子商务系统、门禁票务系统、OA办公自动化、GPS车辆调度、多媒体展示系统、景区智能化监控系统、景区监管信息系统、LED信息发布八大系统
创建阶段2010年	九寨沟开全国先河，提出了"智慧九寨"这一管理模式。同年10月29日，全国首个具有自主知识产权的景区可量测实景影像服务平台通过评审验收，宣告九寨沟成为全国首个"智慧景区" 成立"智慧九寨"院士专家顾问委员会 与武汉大学深圳研发中心开始合作研发景区网格化管理与服务平台
建设阶段2011年至今	连续举办两届智慧景区国际论坛 九寨沟管理局与导航战略联盟单位一起启动国家科技支撑计划"只能导航搜救终端及其区域应用示范"项目 构建全国首个跨区域多形态实景三维智慧文化旅游综合服务平台

3.九寨沟智慧景区建设模式

（1）总体框架。

根据各子系统实现的功能不同，数字九寨沟从功能结构上可以划分为基础层和应用层，应用层包括：自然资源保护数字化、运营管理智能化、产业平台网络化。基础层包括：基础设施平台、数据中心、三S平台（GIS、GPS、RS）平台、安全平台(图6-16)。

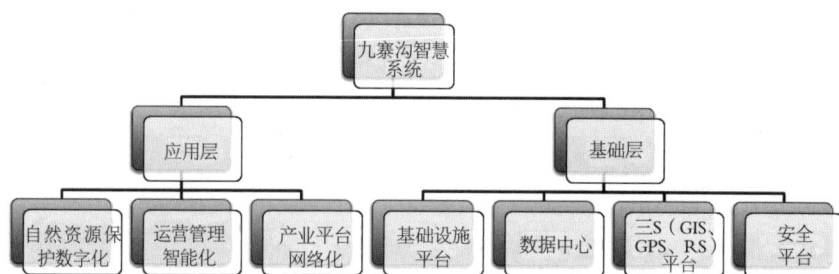

图6-16　九寨沟智慧系统框架图

（2）技术措施。

1）九寨沟电子商务系统。

实现门票、酒店、机票等相关旅游资源的网上销售，促进资源整合、专业分工和规模发展。从2002年7月1日上线运行截至2008年底，100%的旅行社通过网上预订九寨沟、黄龙等景区的门票和观光车票，累计在线交易金额超过30亿元。

2）门禁票务系统。

结合电子、磁记录、单片机、自动控制、精密机械加工及计算机网络等诸多高科技技术，与九寨沟电子商务配合实现计算机售票、验票、查询、汇总、统计、报表等门票控制管理功能，实施全方位的实时监控和管理。由门禁票务系统衍生的景区CRM系统。它利用"可获利客户"的理论，最大限度地改善客户关系，通过景区对客源地区分布、每日客源预测分析、历年同期客源对比等，制定相应的营销计划。

3）办公自动化系统。

实现九寨沟管理局内部无纸化办公，提高办公效率，提升整体管理水平，从而为游客提供更优质的服务。同时具有远程办公能力，管理人员即使在外办公，也能即时了解景区动态。

4）GPS车辆调度系统。

能够通过卫星自动获取景区内指定目标车辆的相关数据，实现数据的整理和分析，结合GIS地理信息系统在大屏幕显示景区内260辆观光车辆的地理分布情况，为车辆调度等方面的管理提供即时决策依据。

5）多媒体展示系统。

多媒体展示系统是基于地理信息技术（GIS）、遥感技术（RS）、虚拟现实技术（VR）、多媒体技术和互联网技术（Web），基于最新的数据以及管理保护成果，全面表现九寨沟资源、保护、规划、管理以及未来展望等，并提供多媒体的、三维的、网络的人机实时交互手段，同时能够很好派生出满足九寨沟展示和管理需要的各种专题服务的系统。

6）智能化监控系统。

智能化监控系统是集森林防火、植被保护、沟内治安交通监控、景点游客监控、沟口门禁监控、票务窗口监控等多功能于一体的监控系统。同时支持应急管理，处理突发事件。

7）监管信息系统（遥感监测）。

利用卫星遥感影像对景区内的土地利用、建设工程、生态环境（含地形地貌、地质构造、植被覆盖、水体变化）和景区总体规划执行情况，特别是核心景区开发建设等情况进行动态监测，从而对九寨沟的生态环境保护和科学管理提供辅助决策依据。

8）LED信息发布系统。

广场和沟口彩色LED大屏是集游客提示、天气预报、景区动态、法规宣传、游客公告、旅游知识为一体的信息发布平台。系统采用先进的数据传输技术，使用千兆网高速数据通信芯片，防静电，防雷击，支持无中继的远距离传输。支持自行编制显示程序，更可使用流行的各类优秀的图形、图像、动画、视频、现场直播及幻灯片制作软件，来任意编排制作播出节目。

6.5.3 九寨沟智慧景区建设效益

1.社会效益

（1）有利于预测、控制游客流量。

2013年9月九寨沟管理局按照《旅游法》规定要求，并报主管部门核定后公布了九寨沟景区的最佳承载量为2.3万人次/天，最大承载量为4.1万人次/天。景区管理者结合景区实际，采取门票预约等方式对黄金周的游客流量进行控制，如对旅行社网络订票实行当日最大预订量为1.6万人次的控制。并且当旅游者数量可能达到最大承载量时，景区会提前公告并同时向当地人民政府报告，以便及时采取疏导、分流等措施，管理局、旅行社和游客随时通过互联网了解到票务情况，购票数量达到限量即停止售票，有效控制了游客数量，保护了景区的生态环境，促进景区的可持续发展。同时，景区还能够根据游客人数提前做好工作安排，合理调配观光车、工作人员、餐食等，减少管理的盲目性，降低成本，使管理更为科学、有序。

（2）有利于景区人车分流即时化。

以GPS车辆调度监控系统为主，结合景区智能监控系统，将景区内的260辆观光车分布情况影射在GIS地理信息系统上，根据景区内人车情况，实现即时调度车辆，提高人车分流效率。

（3）实时监控灾害情况，以便迅速处置。

景区智能监控系统在整个景区内设置了100多个摄像探头，落实到景区的每个主要路段及每个景点，实行全年24小时监控。以地面监控系统与人工巡山相结合为主，以RS卫星遥感火险等级预警预报为辅助，全面布控有效实现对九寨沟自然保护区720km^{2}及周边的防灾害监控。

（4）有利于改善景区旅游秩序。

以门票销售为例，现金购票的话，团体游客需要15分钟才能完成购票、观光车辆进景区的过程，而网络售票简化了很多环节，3分钟以内就可以购票上车进入景区，而且游客越多，网络购票的优势就越大。网络售票切实改变了景区生态广场游客拥堵的现象，而且导游通夜排队购票以求早入景区的现象得到根除，景区网络售票也得到广泛的认可。

（5）有利于营销市场导向。

以九寨沟电子商务系统为基础，规范各旅游企业的经营操作，有利于对外促销，将市场竞争导向良性，在营销策略、服务质量以及运营成本上做文章，从而推动诚信经营景区。通过简化购票程序缩短游客购票时间，方便游客进出和游览，为游客营造良好的旅游环境；从根本上消除售票过程中出现漏洞。提高景区的办事效率和管理效率，加快现金回收。

（6）有利于管理层的科学决策分析。

数字九寨沟最大的社会效益也正是基于数字九寨沟总体技术设计的思路：管理精细化、功能模块化、信息网络化。对于中层管理者来说，每一个独立的应用系统都能实现其部门的特有功能，为中层管理人员提供科学的决策参考。比如GPS车辆调度系统就是直接为九寨沟绿色观光公司服务的，为景区内的观光车调度提供即时化调度决策依据。而对于最高决策层来说，每一个中层应用系统的模块化，直接给最高决策者带来的就是管理精细化，而这些管理上的精细化反过来就成了最高决策者科学决策的有力参考依据。比如说，景区监控、票务监控、门禁监控是为三个不同部门的管理而设定的，但通过网络权限共享后，最高决策者就能即时了解当前游客的入沟情况，再通过九寨沟旅游电子商务发回的当天游客门票预订情况，最高决策者就能科学地、即时地调配当天的人员和车辆。

2.经济效益

（1）直接经济效益。

2002年1月1日，九寨沟电子商务网站建成开通。9月底，通过网络预购门票和观光车票的旅行社达到100%，占售票总量的80%。到2005年5月底，安全实现网上交易近6亿元。

（2）间接经济效益。

规避假门票。门禁系统结合九寨沟电子商务系统，门票通过网上销售后，售票情况记录在案，加之门禁系统的数据对核，假票无从使用，从而完全消失。

规范包车交易。旺季游客增加，景区运力紧张，车辆成为稀缺资源，包车要求难以满足，于是出现幕后交易。网络售票开通以后，包车交易在网上实行优先预订权制，从而杜绝了幕后交易。

降低管理成本。以OA办公自动化系统为基础，对现有的资源（包括基础建设、计算机硬件、计算机软件）进行整合，将所有资源统一在一个合理规划的架构下。合理根据资源，分步实施数字九寨沟统一的架构，从而大大减少将来系统的扩展成本和维护成本。

6.6　旅游景区投资运营管理——以平遥古城为例

6.6.1　旅游景区投资运营发展现状和趋势

进入21世纪以来，我国旅游业一直保持高速增长，旅游景区就是伴随旅游业的发展而成长起来的新兴产业。在市场经济条件下，旅游景区一般通过两种方式获取资金：内源投资和外源投资。内源投资是旅游景区不断将自己内部融通的资金转化为投资的过程。它对旅游景区的资本形成具有原始性、自主性、低成本性和抗风险性的特点，是旅游景区生存和发展不可或缺的重要组成部分。外源投资是旅游企业吸引其他经济主体的资金，使之转化为对企业的投资的过程。它对旅游景区的资本形成具有高效性、灵活性、大量性和集中性的特点，因此也成为旅游景区获取资金的主要方式。一般来说，外源投资是通过金融媒介机制的作用实现的。旅游景区既可以在金融市场出售直接证券融资，也可以向金融中介机构出售直接证券融资，从而相应形成了旅游景区的两种基本投资方式：直接投资和间接投资。

在宁波闭幕的首届中国旅游投资洽谈会上，国家旅游局发布的《2005中国旅游投资分析》预测，2010年中国旅游业投资累计将达到1.9万亿元，2020年中国旅游业投资总量将超过6万亿元。东部发达地区，制造业遭遇土地、能源、出口、环境等诸多瓶颈，制造业向服务业的转型趋势明显。事实上，不少投资者已经把更多的目光投向于旅游这一可持续性强、收益周期长、附加值较高、有效利用资源的"绿色投资领域"。随着财政投资的逐渐退出，在旅游产业链中，除了住宿设施和旅行社之外，旅游资源因其独一性和不可复制性而得到了经济发达地区各种投资主体的青睐。

1.民营资本不断进入景区投资市场

自"七五"时期国家鼓励社会资本办旅游的政策出台后，许多民营企业纷纷将景区、景点作为投资旅游业的切入点，并在20世纪90年代中后期形成民营企业开发自然景区的热潮。经济发达地区的著名民营企业诸如浙江宋城集团、万向集团、浙江旅业集团等，纷纷以租赁、委托经营、买断经营、合股经营等方式进入龙泉山森林公园、千岛湖等大型旅游景区，控股比例为51%~55%，经营年限30~70年不等。

2.旅行社投资景区规避风险

旅行社为提高抗风险能力，已开始将自身业务与投资景区进行结合。2002年开始，首旅股份加大了对旅游景区的投资力度，斥资买下海南南山文化旅游开发有限公司74%的股权，控制了三亚南山景区的经营；青旅股份也发布公告将加大对旅游景区的投入；广东国旅假期买断了湖北神农架景区的旅游线路经营权。

6.6.2 平遥古城：政策性银行助力建设发展

1.平遥旅游业发展概况与资金需求

平遥古城，是国家历史文化名城，是世界文化遗产。古城位于山西省中部，太原盆地南缘，隶属晋中市，占地2.25km²，距省会太原90km（图6-17）。平遥古城历史悠久，文物古迹鳞次栉比，旅游资源极其丰富，整座古城和古城外的双林寺、镇国寺被联合国教科文组织列入《世界文化遗产名录》。99处重点文物保护单位中，有27处列入世界文化遗产清单。平遥古城素有"中国古建筑的荟萃和宝库"之称，是中国最具代表性的"明清古城、晋商故里、票号圣地"。

1997年申报世界文化遗产成功之后，国家、省、市对平遥古城保护和旅游产业的发展给予了高度重视。2000年，山西省调整产业结构"1311"项目中，将平遥古城列入全省旅游业发展的十大景区之一。2003年，晋中市开始实施双百项目，平遥古城旅游业项目和平遥县城市基础设施建设项目连续两年被列入全市双百项目，总投资9.41亿元。2004年，山西省旅游产业工

图6-17 平遥古城鸟瞰图与院内景象

作会上，将平遥古城作为全省旅游产业重点支持发展的两大龙头之一。平遥县委、县政府从解决发展过程中的体制、机制、资金、技术等方面问题入手，走出了一条"保护与开发并举，建设与管理并重"的路子，最终实现了文物保护、旅游发展、城市建设共赢的目标。在短短的几年间，平遥古城以其丰富多彩、古色古香的人文景观，成为国内外游人向往的旅游胜地，旅游产业有力地拉动了县城经济和社会各项事业的快速发展。

然而，近年来，随着大量游客对古城的冲击以及保护古城要求的日益高涨，平遥古城的发展遭遇瓶颈。由于历史和经济的原因，平遥古城保护与环境综合整治相对滞后，存在诸多问题和困难：如平遥古城及环古城地带基础设施及配套设施陈旧老化；环境污染较为严重；古城内人口稠密；构成文化遗产主要元素的古城墙、民居、店铺、庙宇、历史街区等古建筑群存在不同程度的破损，特别是古城墙两次局部自然坍塌事件的发生引起了国内外强烈反响。因此，加强古城内历史文化街区、民居片区等历史遗存的保护和改造，任务非常紧迫。同时，根据《世界遗产公约》，古城区内有碍遗产保护的人工设施需进行搬迁或者拆除。此外，平遥县也计划对古城内外进行环境整治、提升旅游基础建设及服务配套能力，在对古城进行保护的同时，对旅游资源进行进一步的开发。

平遥古城遗产保护和旅游业发展所需资金数额巨大，资金不足成了遗产保护与旅游发展中直接面临的重大瓶颈。资金是平遥古城开发与保护的关键，平遥古城主要的资金需求领域包括：

（1）文物保护、古城及文物保护单位维修修复；

（2）古城内庞大的人口搬迁工程；

（3）旅游景点建设；

（4）旅游交通设施；

（5）旅游接待服务设施建设；

（6）城市基础设施建设；

（7）旅游开发项目建设；

（8）古城综合环境整治。

2.平遥旅游投资运营历程

（1）坚持保护为主原则，实施搬迁工程。

1998年11月，山西省人大常委会颁发了《平遥古城保护条例》，这是第一个针对文化名城和遗产保护的省级立法，这一条例成为古城保护的法律依据，也是制定县城建设规划、古城保护规划、旅游发展规划和古城保护管理制度的大纲。根据此条例，平遥先后出台了多项古城保护条例。根据这些规定，平遥县政府斥资先后对古城内主要街道两侧的房屋和重点文物保护单位实施了维修，拆除了不协调建筑，保护了古城完整的历史风貌。

1998年以前，古城内近5万常住人口，多数党政机关和企事业单位聚集在古城内，高密度人口给古城保护、城市管理及旅游发展造成障碍。为逐步解决这个问题，1997年底，县委、县政府、人大、政协率先迁出了古城，到2004年共带动80余个机关和企事业单位搬离古城，累计投入资金2亿多元，约2万余人外迁，古城内现存人口2.7万人。搬迁工程为古城保护、城市管理和旅游业的发展创造了宽松条件。

（2）景区投资坚持政府主导和市场运作并重的原则，吸引多种资本投资平遥旅游开发。

1）文物景点开发和保护以政府投资为主导。

平遥古城是以文物古迹、历史文化为旅游资源的城市。古城既是居住区又是旅游区，是一个混合体，古城旅游管理有其特殊性和复杂性，因此古城的开发和保护离不开政府的主导作用。近年来，县政府先后投入5000余万元，并通过采取股份制、合作制形式完成投资5000多万元，对部分重要文物保护单位进行维修和修复，使之成为古城的骨干景点。

2）历史街区开发吸引社会力量投资。

平遥县政府从明清街国有房产经营权转让入手，探索政府指导下的社会化发展旅游产业的路子。县政府采取经营权转让和产权拍卖两种方式，先后对古城内20余处古建筑产权和100余处古建筑经营权进行了公开拍卖。同时，按有关规定和规划，统一制定维修方案，并严格监督其维修和利用，这样，不仅解决了古城维修资金的不足，而且加快了旅游产业化发展。近几年来吸纳民间资金达3亿元，建成了特色购物、特色餐饮、特色住宿、特色娱乐等方面的6条旅游产业街，发展了400余辆旅游电瓶车，建成了40余家民俗宾馆和民俗客栈，开办了80余家旅游购物店铺，形成了20个景点，旅游及相关行业从业人员达到4万余人。

3）旅游配套建设依靠市场动作进行投资。

平遥古城旅游业初始阶段显露出配套不健全，要素不完整的问题。平遥县委、政府鼓励民营企业大户积极投资旅游接待设施，发展绿色环保产业，2003年以来，建成五星级宾馆3家，四星级宾馆2家，三星级宾馆18家。

（3）通过体制改革，多方面吸引投资。

平遥组建了平遥古城股份旅游有限公司（公司董事长由财政局局长兼任，总经理由财政局副局长兼任，国有股占80%），充分发挥其企业融资、项目投资的平台作用，与国家开发银行签订了3亿多元的古城保护、旅游开发项目贷款；实行古城门票"一票制"，有效解决了部分景点私设回扣、扰乱旅游市场秩序问题。极大地推动了平遥古城旅游业的快速发展，形成了财政、企业、民间多方共赢的良好发展态势。

平遥实行了国有土地集中储备制度，创新经营国有土地、房产和广告权等有形资产和无形资产模式，把国有闲置资产推向市场。先后拍卖了县人大、财政局、交通局等10多处房产，拍卖了新街区近400亩国有土地，为政府筹集了6000余万的建设资金。仅2003年以来，利用市场运作方式，铺开了3个上亿元的住宅小区工程，政府投入又铺开了三大类40余项文物保护、城市基础设施建设、旅游开发工程。同时，将城市公交线路运营权、线路广告经营权等无形资产进行拍卖，城市公共服务业主要依靠社会资金实现了快速发展。

3.政策性银行贷款助力平遥古城保护与开发

平遥古城的发展与保护，无法单纯依靠政府投入予以解决，需要按照经营城市的思路，充分盘活资产存量，加强与金融机构的合作，强力推进有收益的公共服务设施及环境项目建设。除了善于利用社会力量，筹集民资外，另一项重要的资金获取渠道，便是向政策性银行申请贴息贷款。

（1）政策性银行贷款概况。

2005年12月16日，国家开发银行向平遥古城旅游综合整治项目提供1.8亿元贷款，主要用于平遥古城景区内景点与建筑保护、古城旅游环境治理和旅游基础设施建设。

2010年，平遥古城旅游股份有限公司向中国进出口银行申请旅游文化国际化贷款获批，贷款总额为7.12亿元，用于实施平遥县古城旅游文化国际化项目。旅游文化国际化重点项目，共3大类，19个子项目，概算投资10.1744亿元。

按照规划，2010年平遥县将首先启动实施旅游服务基地建设、环城地带整治、古城内历史街区整治、基础设施建设等4个方面的11个子项目，主要包括古陶一中拆迁、旅游服务基地拆迁、内马道恢复保护、古城环境卫生整治、文庙区云路改造复原、范家街历史文化街区保护、古城环城地带保护南段东区拆迁、贺兰仙桥历史街区保护和整治、吉祥寺历史街区复原保护、县直示范幼儿园拆迁、古城环城地带南段综合整治及环古城游览道路改造等，概算总投资5.47亿元。

另外康宁苑小区建设、国际会展中心建设、新城区道路续建、新建工程等4个配套项目也将启动实施，概算投资达4亿多元。项目的实施，不仅对于进一步加强古城保护，提升平遥旅游服务层级和城市品位，完善城市功能，促进县域经济发展，提升古城知名度与美誉度等方面都将起到巨大的促进作用，而且对于进一步加快平遥城市化建设乃至整个经济社会发展都将产生深远、重大的历史性影响。

这些举措将进一步促进平遥古城的保护，改善景区的基础设施条件，加快景区的深度开发和优化升级，增强游客接待能力和水平，增加周边就业机会，有利于全面打造更具国际知名度的晋商文化旅游中心城市，进一步推动中外文化的相互交流与融合，提升中华传统文化的国际吸引力和影响力，对世界文化遗产的保护和中国文化的国际交流具有重大意义。

（2）融资方式。

这些政策性银行在受理项目的时候，通常都会针对项目涉及的立项审批合规性，文物保护科学性，拆迁建设合理性，担保措施安全性等问题进行认真研究和探讨，听取平遥县委、县政府及项目单位负责同志的汇报，专题研究项目存在的各项风险并逐一落实风险防范措施，设计了由实物资产抵押担保、专业融资担保公司保证担保、门票收入质押担保、地方财政增信等相结合的多元化担保组合方案。主要的融资方式有：

①门票质押。以未来门票或连同其他收费权作为质押，向银行贷款。

②景区开发经营权抵押。景区的开发经营权作为一项资产当作质押进行信贷。

③土地抵押。将国有的土地使用权抵押项目信贷，尤其是由于旅游相关开发引起大幅度增值的景区周边的土地。

④建筑物抵押。将相关建筑物的所有权作为抵押进行贷款。

景区的抵押或质押项目信贷一般要求自有资本投入25%以上，可向银行贷75%。开发商使用国有资产作为抵押或质押，银行或其他金融机构则通过相应金融工具对旅游资源的开发进行贷款，包括比较灵活的小额信贷方式。

（3）投资重点领域。

①有收益的市政基础设施建设，如煤气、自来水、污水排放、垃圾处理等。

②可以带来土地增值和其他相关收益的市政基础设施，如绿化项目、道路交通等。

③房地产开发、建设和物业管理等土地开发项目，如商业、景区服务等公共服务设施。

④景区的旅游基础设施建设。

⑤旅游项目的开发。

（4）配套措施。

为了有效地实现与金融机构合作的融资目标，需要采取以下措施。

①成立资产信贷公司，明确借贷主体，目前可以利用现有的平遥旅游股份有限责任公司。

②明确资产产权，剥离劣质资产，分离出可用于借贷的优质项目抵押资产。

③加大前期工作的力度，研究平遥的资产体系及相应的政策扶持措施。

④对于贷款的实施使用，有相应的工作小组进行把关。例如，针对旅游文化国际化贷款项目的实施，平遥古城专门成立了旅游文化国际化贷款项目实施领导组。

6.6.3 旅游景区投资运营管理的启示

1.利用好相关政策，申请政府补贴和金融机构低息贷款

景区尤其是拥有稀缺性资源的景区，应该充分研究国家对相应资源的保护政策，以及某些金融机构的补贴政策，申请政府补贴或者低息贷款，以此加大对景区资源的保护性投资，确保景区资源的可持续发展。

2. 进行市场化改革，多途径进行资本运作

旅游业在发展初期离不开大量的资金投入，紧靠政府投资难度太大，只有推行市场化运作，实施多渠道融资，才能从根本上解决景区发展问题。政府及政府部门要做的工作，就是要做好宏观主导，进一步转变服务职能，提高工作效率，放宽市场准入条件，为广泛吸纳民间投资和扩大招商引资营造宽松的投资环境和公平的竞争环境，促进投资主体多元化，推进全社会大办旅游。同时将旅游资源与市场的开发交给企业去运营，让市场去整合理旅游资源，让旅游沿着市场化道路发展。

3.设置独立的景区管理运营机构，确保专资专用

设计景区资金管理机构，专门负责景区的投融资管理和使用工作，使之成为景区投资运营的良好平台，这样既能更好地吸引其他机构或个体的投资，又能确保资金的正确运用。

4. 政府投资基础和公益设施，增强景区的投资吸引力

政府投资的项目主要包括景区的水电等基础设施建设以及资源保护等公益性项目，为景区的发展奠定良好的基础，从而更好地吸引外部投资。资本总是追逐利益的，投资回收期越短的项目越能吸引投资，因此外部投资主要方向为景区景点建设、服务性设施建设与运营等营利性项目。

本章参考文献

[1] 合江县赴山西平遥考察调研组.平遥古城旅游业发展考察调研报告[R].2006.

[2]《平遥古城目的地规划》项目组. 古城融资方案——以平遥古城为例[R].2005.

第三篇
5A旅游景区创建及案例分析

第7章 组织保障体系筹建

7.1 组织体系创建

7.1.1 组织创建原则

任何组织都是基于一定的目标产生和存在的，为了实现有效管理，提高管理效率，在组织体系创建的过程中需要遵循科学性、创新性、系统性和目标性等基本原则。

（1）科学性原则是前提。因地制宜，以精简、效能为目标，开展机构改革，理顺管理体制，形成统一管理、政企分开、各负其责、步调一致的工作局面。

（2）创新性原则是关键。结合景区建设与管理实际，在组织机制上有所创新是保证创5A工作取得成效的关键。

（3）系统性原则是保证。建立统一的组织机构，强有力的工作领导小组，跨部门之间高度协作，层层落实创建责任，全民共享参与，形成合力。

（4）目标性原则是动力。根据标准对各项工作进行分解细化，与各部门、单位和相关责任人签订目标责任书，确保各项工作落到实处。

7.1.2 组织结构设置

组织结构是为了实现组织目标，规范组织运行，在职务范围、责任、权力等方面形成的结构体系，其本质是一种分工协作关系。

在5A景区创建过程中，需要建立一个职能明确、层次分明、高效运作且富有前瞻性、协调性、制约性的组织架构，对于各项创建工作进行合理分工、分组和协同合作，最大程度发挥组织整体合力，确保创建工作有序进行(图7-1)。

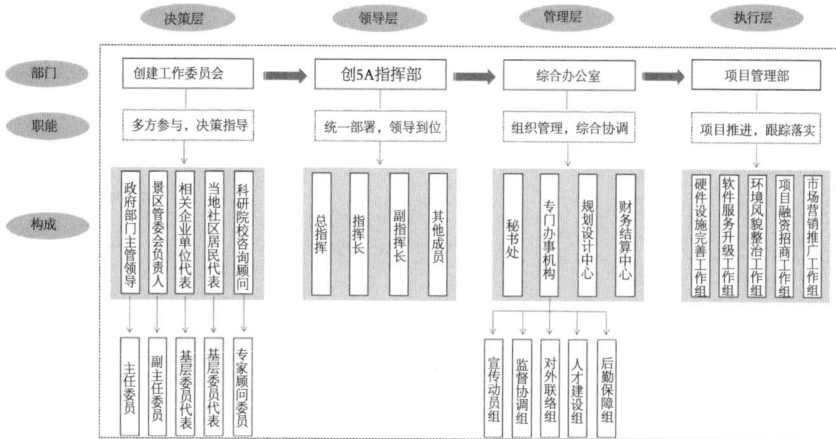

图7-1　创5A组织保障体系建构示意图

按照科学性、创新性、系统性、目标性的原则，组建集政府、景区、企业、居民、科研院所等不同利益集团于一体的创5A工作管理委员会。管委会下设指挥部、综合办公室、项目管理部等三大职能部门，各部门按照职责分工设立专门办事机构或工作组。

具体来讲，在创5A组织体系中，一方面从纵向上明确各组织层次的角色构成，即由上至下划分为决策层、领导层、管理层和执行层等若干层级，其中创5A工作管理委员会作为最高决策层，指挥部、综合办公室、项目管理部等应对其负责。另一方面从横向上明确各组织部门的职能构成，并按照各部门在权力和责任方面的分工及相互关系设立下属机构，确保各项职能有效履行（表7-1）。

<table>
<tr><td colspan="4" align="center">创5A组织体系各部门职能及下设机构　　　　　　　　表7-1</td></tr>
<tr><th>组织部门</th><th>角色</th><th>主要职能</th><th>下设机构</th></tr>
<tr><td>创5A工作管理委员会</td><td>决策层</td><td>定期召开联席会议，负责各项工作及方案的立项、制定、审批、决策等</td><td>指挥部、综合办公室、项目管理部</td></tr>
</table>

续表

组织部门	角色	主要职能	下设机构
指挥部	领导层	作为创5A工作实际领导小组,负责领导、组织、指导、检查创建工作	总指挥、指挥长、副指挥长、其他成员等
综合办公室	管理层	作为创5A工作组织管理机构,负责起草、下达指挥部相关文件,以及工作筹备、政策宣贯、督促协调、对外联系、人才建设、后勤财务等	秘书处、专门办事机构、规划设计中心、财务计算中心等
项目管理部	执行层	创5A工作项目具体执行和基层作业机构,冲锋在前,始终战斗在工作的第一线	硬件设施完善工作组、软件服务升级工作组、环境风貌整治工作组、项目融资招商工作组、市场营销推广工作组等

7.1.3 组织人员配备

人员配备是组织有效活动的保证,在设计合理的管理组织结构的基础上,还需为这些机构的不同岗位选配合适的人员。

组织目标和计划是人员配备的依据,由于创5A组织各部门是在任务分工基础上设置的,因而不同的部门有不同的任务和不同的工作性质,这就必然要求把具备不同职称、素质、能力和特长的人员分别安排在适当的岗位上。通过外部选配和内部调配,使人员配备尽量适应各类职务的职能要求,从而使各职务应承担的职责得到充分履行,促进组织结构功能的有效发挥(表7-2)。

创5A组织体系人员配备 表7-2

组织部门		配备人员
创5A工作管理委员会		政府主管领导、景区管委会负责人、相关企业单位代表、当地社区居民代表、科研院所咨询顾问等共同参与
指挥部/领导小组	总指挥	市(县)委书记任总指挥
	指挥长	市(县)长任指挥长

续表

组织部门		配备人员
指挥部/领导小组	副指挥长	相关市（县）级领导、景区管委会负责人
	其他成员	各责任单位相关领导（包括市公安局、市交通局、市文广新局、市物价局、市卫生局、市劳动保障局、市国土资源局、市水利局、市林业局、市环保局、市档案局、市规划局、市政局、市广播电视台、市法制局、中国电信分公司、市供电局、市邮政局、市气象局、市地税局、市消防大队等）
综合办公室		办公室主任、秘书、专门办事人员、技术人员、财务人员等
项目管理部		项目管理人员、城管人员、招商人员、营销人员等

7.2 权责分工完善

7.2.1 各部门组织管理细则

根据国家旅游局千分制标准，对创建标准8大项216个问题等各项工作进行分解细化。制定创建5A旅游景区责任目标分解表，与各部门、单位和相关责任人层层签订目标责任书，做到任务、时限、责任三明确，确保各项工作落到实处（表7-3）。

有关部门创5A工作责任目标分解表　　　　　　表7-3

序号	职能部门	职责
1	市（县）政府领导	成立创5A工作领导小组，负责创5A工作的宏观领导和整体把控工作
2	市（县）政府办公室	负责创5A工作的各部门协调和任务落实
3	旅游局	负责景区创5A工作实施计划制定和实施进度把控
		负责景区精品项目的招商引资
		负责景区的整体营销和品牌推广

序号	职能部门	职责
4	景区管委会	具体负责各项创5A工作计划的落实,包括游客中心建设、标识系统完善、旅游宣传资料制作、导游服务提升、医务室建设、邮电设施建设、厕所建设、购物场所建设、环境卫生建设、投诉处理机制完善、网站建设等内容
5	交通运输局	负责外部至景区大交通环境的改善和提升
6	卫生局	对旅游景区内及周边的餐厅、酒吧、冷饮部、小卖部的餐具、饮具、厨具分类存放、消毒处理等餐饮服务及食品卫生进行定期检查,督促整改
7	环保局	对空气、噪声、地表水进行检测,督促落实整改措施并出具相关报告(其中:空气质量保持国标一级标准,噪声指标保持一类标准,地表水质量符合国标规定)
8	工商局	制定《景区旅游购物场所管理制度》,加强对购物散点的布置,防止恶性竞争
8	工商局	制定《景区旅游商品投诉管理制度》,发放统一标价签,价格公示
9	文物局、林业园林局	提供对于景观、文物、古建筑、生态系统、珍稀名贵动植物具体、恰当的保护措施(如防火、防盗、防捕杀、古建筑修缮、古树名木保护等),制度具体,设施设备完善,人员职责明确

7.2.2 各部门具体岗位职责

在创建活动中,各部门参与人员都要高度戒备,认清形势,各负其责,步调一致。对于承担创建工作任务的各责任人,实行丢分问责制,责任到人,纳入目标责任考核指标,并建立日常工作管理台账,凡被通报批评的单位个人,每通报一次,扣相应目标分,最终形成人人知"5A",人人创"5A",人人争"5A"的良性联动工作格局(表7-4)。

创建工作各部门具体岗位职责一览表 表7-4

组织部门	人员配备	岗位职责
创建工作委员会	主任委员	政府主管领导担任主任委员，主持委员会的全面工作，参加、参与有关重大问题的协商工作
	副主任委员	景区管委会负责人担任副主任委员，参加、参与有关重大问题的协商工作，并完成主任委员交办的其他工作
	基层委员代表	包括相关企业单位代表、当地社区居民代表，基层委员代表汇集大众民意，反映基层心声。拥护委员会的相关决议，积极参加委员会各项例会，并提出切实可行的议案
	专家顾问委员	科研院所咨询顾问担任专家顾问委员，主要为创建工作提供全方位、综合性的决策咨询和技术指导
创5A指挥部	总指挥	市（县）委书记作为一把手，全面统筹5A创建工作
	指挥长	市（县）长作为实际指挥长，负责各部门沟通与协调工作
	副指挥长	相关市（县）级领导、景区管委会负责人作为副指挥长，根据创建工作实际情况，分管不同部门工作进展
	其他成员	各责任单位相关领导负责本部门工作部署，贯彻执行指挥部的指导思想。
综合办公室	办公室主任	积极与指挥部沟通对接，并完成其交办的各项工作任务
	秘书	负责起草各种工作文件，协助办公室主任开展相关工作
	专门办事人员	负责创建工作的宣传动员、对外联络、监督协调、后勤保障等工作
	技术人员	负责创建工作相关设计管理及技术研究工作，组织编制项目各阶段设计任务书，并审核设计单位的规划设计方案，协助项目论证和策划工作
	财务人员	负责创建工作相关财务事宜
项目管理部	项目管理人员	参与项目追踪，深入创建工作第一线，主动收集重点工程建设信息，发现项目存在的问题，并及时采取应对措施，确保项目管理目标的实现
	招商人员	针对创建工作中涉及的重点建设工程，结合商业行情调研分析，制定具体招商计划，掌握招商进度，分析招商过程中出现的问题；维护与开发商之间的良好合作关系
	营销人员	制定创建工作各阶段的营销战略，提出市场推广与公关计划，撰写重大专题活动的策划方案，并执行实施，对营销活动效果进行评估

7.3 分期工作重点

创建5A级旅游景区是一项系统工程，涉及面广，工作量大，任务艰巨。为保证创建工作的计划性和可持续性，需要不断强化动态管理，对于创建工作的各个阶段和环节进行梳理与把控。

通常情况下，5A创建工作大致分为前期准备、集中建设、巩固提升、冲刺汇报等四大阶段，也可细分为启动期、申报期、建设期、完善期、冲刺期和评审期。针对每个阶段或分期的工作任务不同，明确工作重点事项，制定具有阶段性目标的工作计划。

7.3.1 前期准备阶段

完成前期规划、创建工作方案等准备工作，为下一阶段的集中建设期打下基础（表7-5）。

前期准备阶段创建工作明细表   表7-5

阶段	目标	主要工作		重点工程
		政府	景区	
启动期	统筹部署，宣传动员；科学管理，规划先行	1.成立领导小组，制定创建工作方案；2.召开动员大会，统一思想；3.培训学习《旅游景区质量等级划分评定管理办法》等文件与管理制度；4.组织创建工作人员赴优秀5A景区取经	通过自查，对照《旅游景区质量等级的划分与评定》国家标准中5A级景区评定标准进行逐项自评打分，找出景区薄弱环节	1.规划编制；2.项目招商融资；3.制度建设及人员培训；4.旅游区环境整治工作；5.生态环境的修复提升
申报期	准备各项申报材料，完成申报工作	积极配合景区报送省旅游局审核推荐，再向国家旅游局申报	准备《旅游景区质量等级申请评定报告书》以及相关材料，向当地旅游局申报审核推荐，报送省旅游局审核推荐，再向国家旅游局申报	

7.3.2 集中建设阶段

建设阶段是决定5A景区创建工作成败的关键环节，集中力量突破几大核心提升工程，取得阶段性创建成果，基本达到5A景区建设标准（表7-6）。

集中建设阶段创建工作明细表　　　　　　　　　　表7-6

阶段	目标	主要工作		重点工程
		政府	景区	
建设期	集中建设精品项目及配套工程，达到5A级旅游区标准；政府公关，为创5A创造条件	1.创新工作机制，包括责任机制、保障机制、督办机制、宣传机制； 2.全面指导落实创建工作，营造良好的创建氛围； 3.实施几大辅助工程，以评促建，如完善基础设施、改善城市交通环境、提高科学管理水平、城市综合整治、保护发展并重等； 4.开通创建5A景区专题网站，实时报道建设情况	按照规划，完成景区核心重点项目和主要硬件设施建设，包括旅游景区标志性景点，游客接待中心，景区内旅游公路和游步道建设，生态停车场，旅游产品创新，旅游配套设施等	1.引擎项目建设； 2.景观提升； 3.基础设施及服务；配套设施建设； 4.旅游保障工程； 5.旅游商品研发； 6.旅游营销工程； 7.智慧景区工程

7.3.3 巩固提升阶段

巩固前一阶段专项工作成果，查漏补缺，逐一破解各项疑难和遗留问题，不断完善创建工作（表7-7）。

巩固提升阶段创建工作明细表　　　　　　　　　　表7-7

阶段	目标	主要工作		重点工程
		政府	景区	
完善期	不断优化提升，对易失分点进行巩固强化，大力推进营销工程	总结创建工作中的新问题、疑难问题、遗留问题，逐一破解	1.完成旅游服务升级； 2.总结问题，查漏补缺，强化各项工作	1.其他项目及配套建设； 2."分分必争"工程； 3.创5A自检工作； 4.强化营销工程

7.3.4 冲刺汇报阶段

创建工作进入倒计时，确保各种建设工作顺利收尾，并通过内部自评，以良好成绩迎接主管部门审核评定（表7-8）。

<table>
<tr><td colspan="5" align="center">冲刺汇报阶段创建工作明细表</td><td align="right">表7-8</td></tr>
<tr><td rowspan="2">阶段</td><td rowspan="2">目标</td><td colspan="2" align="center">主要工作</td><td rowspan="2">重点工程</td></tr>
<tr><td>政府</td><td>景区</td></tr>
<tr><td>冲刺期</td><td>全力冲刺，确保各项建设工作顺利收尾，并通过内部测评</td><td>1.召开"百日冲刺誓师大会"；
2.实行目标倒逼、专项督办，确保各项建设任务高效完成</td><td>1.对照5A景区的标准及要求，结合景区创建工作落实情况进行逐项自查评分，并定期或不定期地组织游客意见评分；
2.自评合格后，进入评审期；
3.自评尚不达标的，立即进行整改</td><td>1.创5A倒计时启动仪式暨"百日冲刺誓师大会"；
2.内部自评</td></tr>
<tr><td>评审期</td><td colspan="4">自评合格，景区软硬件完全完善达标，各种资料备齐后，向省、国家旅游局提出申请，请求对创建5A工作进行实地审核评定</td></tr>
</table>

第8章 5A旅游景区创建途径探索

8.1 传统创建路径的瓶颈

8.1.1 审批机制难度系数高

1.严格控制数量，竞争激烈

2006年底，国家旅游局正式启动"国家5A级景区"验收评审活动，在规定期限内，共有106家4A级景区申报5A。2007年5月22日国家旅游局在其官方网站发布通知公告，经全国旅游景区质量等级评定委员会委派地评定小组现场验收，全国旅游景区质量等级评定委员会审核批准，决定批准北京市故宫博物院等66家景区为首批国家5A级旅游景区。自此以后，全国各地创建5A级旅游景区的积极性高涨，尤其是《国务院关于加快发展旅游业的意见》（国发[2009]41号）出台后，许多地方把创建、申报5A级旅游景区工作纳入到"十二五"规划。截至2013年底，全国旅游景区质量等级评定委员会陆续公布23批175家国家5A级旅游景区（图8-1）。

从图8-1可以看出，5A景区的增长速度在放缓，这主要是由于国家旅游局为保证5A景区的高质量、高水准，已开始严格控制5A景区的数量，

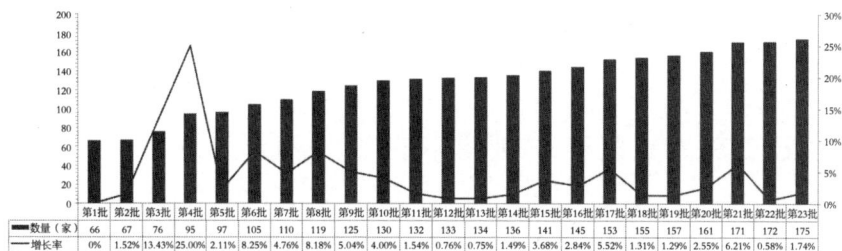

	第1批	第2批	第3批	第4批	第5批	第6批	第7批	第8批	第9批	第10批	第11批	第12批	第13批	第14批	第15批	第16批	第17批	第18批	第19批	第20批	第21批	第22批	第23批
数量（家）	66	67	76	95	97	105	110	119	125	130	132	133	134	136	141	145	153	155	157	161	171	172	175
增长率	0%	1.52%	13.43%	25.00%	2.11%	8.25%	4.76%	8.18%	5.04%	4.00%	1.54%	0.76%	0.75%	1.49%	3.68%	2.84%	5.52%	1.31%	1.29%	2.55%	6.21%	0.58%	1.74%

图8-1　国家5A级景区数量增长趋势图（2007~2013年）

而随着申报数量的增加，竞争将会更加激烈。

2.明查验收，暗访复核，有进有出

根据国家标准《旅游景区质量等级的划分与评定》以及相关管理办法和评定细则，5A级景区必须通过专家检查组的验收和暗访，而暗访则是对景区的巨大考验。检查组一般由国家旅游局人员1～2名和5A专家组成员2名共同组成，以普通游客身份自行购买门票进入景区，依照相关规定、细则，逐一进行比照检查、测评、打分，并出具暗访报告，在各方面都合格后经国家旅游局公布挂牌。挂牌后仍有复查机制，每3年进行评审复核。在复核过程中达不到评定细则要求的，给予警告或通告，并要求景区限期整改，若整改后仍不合格的将会被摘牌。

8.1.2 传统旅游产业难以支撑5A景区提升工程

现在已经进入体验经济时代，人们的消费习惯完全不同于以前任何经济时代，追求时尚、展现个性、发展自我逐渐成为新一代游客的愿望和需求。在体验经济背景下，旅游者更加追求个性化的旅游体验。世界旅游组织对新世纪旅游消费作了一个预测：21世纪的旅游者将是"时间的矮子，金钱的巨人"。在最短时间内能够获得最大的刺激、最与众不同的感受，是旅游者选择旅游目的地进行消费的重要标准。因此新时期下旅游需求从传统观光体验偏向复合性旅游体验转型，传统的门票经济模式已与现阶段的旅游发展不相适应，旅游景区和政府应着力推进产业创新提升，从"门票经济"向"产业经济"转变。

总之，旅游业必须在原来单一产业的基础上实现多产业的复合提升，才能满足创5A景区的综合要求，而传统旅游产业突破升级需要多部门配合，成为产业发展的制约因素。

8.2 旅游景区在5A创建中的主要问题

尽管随着时代的发展，旅游景区的质量普遍较高，A级景区的整体水平提升不少，但是从4A景区向5A提升过程中，许多景区还存在不少硬性与软性服务质量的差距。通过对多个争创5A景区的规划和提升方案的经验总结分析，在当前景区中普遍存在、较为重要且易被忽视的质量薄弱点主要是若干基础设施部分和服务体系部分。

1.与标准对照所体现的问题

对照景区质量薄弱点，主要从停车场、内部游览线路、游客中心、景区标示系统、旅游安全、卫生、旅游购物等几个方面进行概要分析。

停车场：按照标准，景区入口附近须有管理完善、布局合理且与周围景观环境相协调、符合生态理念的专用停车场或者码头。目前一些景区的主停车场都非生态停车场，且停车秩序混乱，未做到人车分流及对不同类型的车进行分区停放和管理（图8-2）。

图8-2　南方某街道景区人车混乱　（李杰　摄）

内部游览路线：景区道路既要体现使用功能，又要与环境相融合，并体现出景区的空间层次感。部分景区的内部游线存在游线重复、线路交叉的问题，容易造成个别节点游人拥堵，部分游览空间过于宽大，与容量和环境极不协调（图8-3）。

图8-3　某山游览线路存在安全隐患　（朱虹　摄）

　　游客中心：游客中心是景区非常重要的一个集散中心，其信息咨询服务、宣传展示，票务、救援、受理投诉、购物等功能能够有效方便游客的游览活动。目前很多景区没有游客中心，有的游客中心闲置不用、挪作他用，有专用游客中心的景区其内部设施与功能、服务不能完全满足游客需要，达不到标准要求（图8-4）。

图8-4　南方某景区某景点改建前的游客中心功能单一　（李杰　摄）

　　景区标识系统：标识系统的设计既要要符合国家相关标准，并且所有标识标牌自成一套、互相呼应；各种标牌又要与周围环境相协调，体现人与自然的和谐；融入当地特色与文化；材质环保生态、经久耐用。大多数景区的标识系统在规范性方面有待提高，且普遍缺乏特色，存在雷同现象；解说牌、指示牌、警示牌等不同类型的标识牌尺度混乱。

　　旅游安全：景区要配备安全保障设施及针对高峰期、关键点的安全策略；还要准备面对突发事件的预案及紧急救援机制，并对相关人员进行培训。这些对于某些自然类景区、自助游、探险游较多的景区尤为重要。一般景区仅仅是做到在危险处悬挂危险警示牌，有保安巡逻等简单措施，并没有系统完备的安全处理方案，更没有完善的紧急救援制度和建立紧急救援体系。

　　卫生：景区内公共厕所的标准要高，最好达到A级标准。外观设计要与周围环境协调，内部装修富有地方文化气息。在自然类景区，生态厕所应是首选。厕所内各项服务设施应充分考虑老幼病残孕等特殊游客群体。目前许多景区内厕所在数量和质量上达不到标准要求，内部设施不完备。此外应定期专项检查整治餐饮食品、用品的安全和卫生防疫工作（图8-5）。

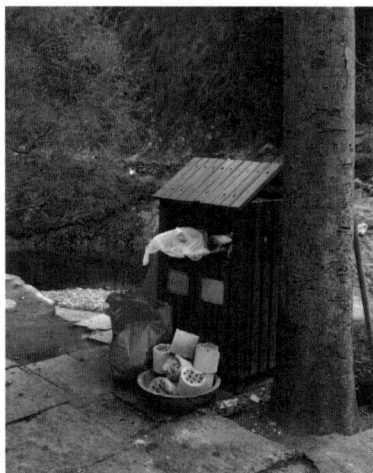

图8-5　某景区垃圾管理清理不及时　（朱虹 摄）

旅游购物：5A级旅游景区的购物不仅是旅游纪念品与特产的销售，还涉及业态的选择与布局合理，景区内购物场所的文化营造，地方特色的展示等，争取为游客带来更多精神上的享受。目前景区还存在购物摊位布置不够规范，旅游商品种类不丰富，当地特色旅游商品较少等现象。

2.旅游景区服务质量体系问题

目前我国景区的硬件设施建设整体水准不低，然而由于管理水平、服务人员素质等方面的原因，旅游景区的整体服务水平偏低，导致景区技术质量不低，而功能质量相对偏低的局面。就目前我国旅游景区经营管理的实际情况来看，服务质量较突出的问题主要表现在以下几个方面：

（1）子系统衔接机制不健全。

技术性质量是指服务结果的质量，是服务的可见部分。由于目前众多的旅游企业在服务质量体系中的各个子系统之间缺乏有效的衔接机制，造成无法向旅游者提供高质量的旅游产品，特别是在旅游旺季，游客量的增大，更加大了各子系统之间的衔接难度，主要体现在：景区的基础设备设施保养问题；进入景区后，游客人身和财产安全问题；景区的卫生管理问题；旅游管理部门、旅游企业和旅游者之间的信息交流不通畅、信息渠道不完整等。

（2）功能性质量欠佳。

功能性质量是指服务过程的质量，是服务的可感知部分。目前不少旅游景区对功能性质量不够重视，服务可信度不高。具体表现为：景区服务人员不能做到微笑服务，对旅游者缺乏耐心，缺乏应有的礼仪常识；服务人员在岗时，没有融入自我角色中；景区服务人员专业知识缺乏，服务技能较弱；服务人员随意降低服务技术标准等，在旅游淡季尤为明显。

（3）服务质量水平波动性大。

我国当前景区提供的服务不规范，服务的连接性交叉，旅游秩序混乱，提供的服务质量水平波动性较大。一方面是因为景区本身存在多头管理现象，制定的服务标准可操作性差，或者制定标准过高。另一方面是因为景区的就业门槛较低，服务人员素质参差不齐，也很难保证提供统一标准的规范化服务。

（4）科学的服务管理体系匮乏。

当前很多景区都缺少科学的服务管理体系，或是服务管理体系不完善，景区内没有形成全面统一的管理理念和较好的执行力。许多旅游景区的服务管理都不规范，管理效率低下，全面管理意识较差，缺乏景区各部门之间的横向沟通，使得效率低下，严重阻碍了景区全面升级、管理的步伐。

8.3 创建重点及实施难点

5A级景区评定标准从旅游交通、游览、旅游安全、卫生、邮电服务、旅游购物、综合管理、资源与环境保护等8个方面进行全面规范，根据细则一、细则二、细则三的规定应分别达到950分、90分、90分。强化创建5A级旅游景区工作的认识，研究实践过程中重合度较高的重点、难点有利于更有效地创建5A景区。

8.3.1 4A到5A级旅游景区的提升重点

从4A到5A景区的提升主要对细节设置、景区的文化性和特色性等方面有了更高的要求。更多关注游客的参与性和娱乐性，以游客的感官和心理满足体验作为终极目标。从评价体系来看，与4A级景区相比，5A级景区的提升主要体现在三个方面：

（1）特色性。5A景区更加注重主题打造，景区整体建设要求设计统一，特色突出，有艺术感和文化气息。对于具体的硬件设施要求也很明确，如停车场绿化美观，路面特色突出，水体航道清澈。而对于景区标识牌、公共信息图形符号、公共休息设施、景区垃圾箱以及景区建筑外观造型均要求地方特色突出，体现地方文化。服务项目要求融入科技化、人性化的设计理念，更好地跟进现代生活习惯。

（2）文化性。5A标准中出现的另一个新概念就是文化性，主要包括两方面内容：一是对景区整体文化深度的提升，二是对地方特色文化氛围的营造。如区内游览路线的要求，在4A景区布局合理、顺畅，观赏面大等要求的基础上，要求必须特色突出，有文化效果。整个景区的文化氛围更是要求统一，景区轮廓线必须很好地与周边环境融为一体。

（3）以人为本。"以人为本"的理念是贯穿5A级景区的精髓，也是5A级景区细节化和人性化的要求，使5A级景区真正上升高度，也进一步促进了我国旅游产业质量在质上取得了飞跃发展。例如黄山在创5A的过程中，一项重要工作内容就是公共厕所的合理布局和改造，必须全部达到三星级宾馆公共区域卫生间的标准。其内部设计与外观坚持"以人为本""与周围景观相协调"两大原则，不片面追求豪华，注重厕所的方便实用。厕所内一律配置热水器、冲洗器、安全扶手等装置，设置背景音乐，摆放绿色盆栽，增加服务残障人士的设施。同时，所有公厕都将建成节水型健康厕所，注重生态环保。改造后，游人在如厕的同时不仅能欣赏到美妙的轻音乐，还可从专门设置的视屏上观看到黄山风光片和旅游信息。

8.3.2 创5A级旅游景区三大实施难点

1.科学规划

细则一明确了规划的重要性，二级分值达到了25分，这肯定了规划工作的重要性、规划成果的严肃性和科学性。由于我国旅游景区特别是资源禀赋较好的景区大部分仍在体制内运营，规划管理人员还担负行政管理职能，实际上在业务方面的时间与精力不能得到保证。因此，确定创建工作之初，委托专业规划设计机构进行专项提升规划，有着重要意义。"规划先行"之所以难，在于两点：第一个难点是理解难，景区管理者对规划的重要性和必要性缺乏认识，实际实施者对规划设计内容和文本存在理解障碍；第二个难点是执行难，有的部门在实施过程当中，面临时间紧、情况特殊等突发状况，造成一些开发建设工程背离规划要求，甚至由于地方领导的个人偏好，规划成果的执行不能一以贯之。但不论是难理解还是难执行，一方面是因为专业的原因，另一方面也是由于现在的很多规划缺乏学科论证，导致在执行过程中出现各种问题，因此，为了避免这些问题的出现，首先要保障规划的科学性。

2.优化旅游景区环境

景区环境优化是景区创5A的关键，如何为游客营造良好的旅游氛围是景区创5A的重头戏。从细则一可以看出，5A景区在基础设施、服务设施等方面都作了具体细致的要求，景区需要根据标准重点从资源开发与保护，基础设施优化与改造，游憩产品提升等方面对景区环境进行优化整合，包括生态停车场、游客中心、生态游步道、标识系统、厕所、垃圾桶、宣传网站、环境绿化美化等工程的建设和整改。这就要求景区管理部门能够从全局出发，仔细细心地检查把关每一个细节，但如何利用丰富的旅游资源提炼景区的代表文化，如何自然地融入景区的建设中是这个工程的难点。而要突破这一难点就需要将规划、建筑设计、施工等部门进行有机结合，实现无缝对接，如在建筑外形、生态游步道、垃圾桶、清扫器具等方面展现景区的文化性和独特性。

3.提升服务品质

提升服务品质是景区软环境的表现。实践证明，提升人性化服务质量，在游客需要服务人员、管理人员介入的时候，能够得到及时、妥善的响应，不仅可以提高景区应对突发状况的反应效率，也可以为游客营造更加便利、安全的旅游环境，提高景区的游客满意度和美誉度。而这个看似简单的要求却很难达到，一是要求工作人员具备灵活应对事件的能力，同时又能够利用自身的责权快速解决问题，因此景区不仅要加强对工作人员的服务意识，服务水平的培训，还要加强责权制度建设；二是要求景区加强智慧化建设，做到媒介导游和数字导游系统相结合，咨询系统与警示系统相结合，并能够及时与游客进行沟通，将景区的最新状态传递给游客。

8.4 创5A如何突围

8.4.1 认清自身位置

一样的5A标准，不一样的景区，不一样的核心竞争力，不一样的问题状况。要想在众多的景区中脱颖而出，景区必须首先认清自身位置，明白自己的优势和不足，找出基础建设与5A景区标准的差距，规范景区的服务质量管理，力争实现创5A突围。

1.明确旅游景区优势

景区在申报5A之前，必须有一个精准的定位，明白自己的核心吸引力是什么，能提供什么样产品，能满足人们什么样的旅游需求。这样才能准确地寻找自己的游客市场，做出行之有效的市场营销，产生巨大的品牌影响力。如果不能清晰地了解景区的核心优势，导致景区总体定位模糊，旅游形象不鲜明，可以请专业团队对景区进行科学的分析和研究，提炼景区的核心竞争优势，设计景区的旅游形象LOGO。

2.查找旅游景区短板

旅游景区在认清自己的优势之外，还要认清自身的问题和不足之处。申报5A前要认真审视旅游市场、景区质量、服务和建设等存在的问题，与其竞争者相比的欠缺之处。依据木桶原理，木桶短板是个人和企业能达到高度的最重要因素，这对于5A景区的创建工作同样适用。单一地提升景区的优势资源，只能形成一时的吸引力。只有全面提升景区，才能形成可持续的旅游吸引力。在5A景区的评定标准中，三项细则要求均接近满分状态，也就说明创建5A景区必须全面提升景区的各个方面，查漏补缺，尽量弥补自身的短板，扬长避短。

3.分类归纳旅游景区基础建设和5A标准的差距

注重基础设施方面建设，找到景区基础建设和5A标准的差距。创5A评定标准中，最重要的一部分就是对景区环境质量和服务质量的评定，总分值1000分，从旅游交通、游览、旅游安全、卫生、邮电服务、旅游购物、综合管理、资源和环境保护等8个方面对景区进行评定。景区基础设施方面在评定标准中占重要地位，所以在申报5A景区时，要对景区基础设施方面进行详细核查，做到工作中的细化和量化。

例如在旅游交通方面，主要包括3个方面的评价，可进入性、自配停车场地、内部交通。在可进入性、自配停车场地、内部交通3个方面，又细分若干条评分标准，对照这些评分标准，找到自身与5A景区标准的差距。对于已满足条件的方面，归为一类，对于未能达到5A标准的地方，针对不同的工作内容，提出不同的解决方案。最后通过方案改造和提升，景区旅游交通方面能达到5A的标准。在游览、安全、卫生等其他基础设施方面如此类推，对景区进行实地调研，将达标的、需要建设的和需要修缮的全部进行分类整理，然后进行任务细化，对需要改造的部分，逐条提升。

4. 规范旅游景区管理和服务

景区自身方面的提升，除了基础设施建设部分，还包括景区的管理和服务部分。细则一中的景区环境质量和服务质量的评定，明确表明了景区的服务对5A评定有相当大的影响作用。如果说景区优质的资源条件、多样的旅游产品、完善的基础服务设施是景区吸引和满足游客需求的基础条件，那么完善景区的管理和规范服务就是使游客旅游体验更加满意的必备条件。

景区管理和服务规范主要从以下几个方面进行考虑。管理机构是否健全，能否做到职责分明，健全的管理机构和职责分明才能保证景区各个服务环节的良好运行，不会出现多头管理或者无人管理的局面。企业的产品形象、质量形象、视觉形象、员工形象是否鲜明良好，景区内部的良好形象才能让游客产生良好的形象。对照5A标准，结合自身管理制度的优缺点，人才组成结构和员工素质水平等，做好前期的制度完善和人才储备，为景区的运营和管理提供制度和人才保障。

8.4.2　重视科学规划

服务质量与景区质量评价中，在二级指标中明确提到了规划，分值为25分，确定了规划的重要性和规划成果的严肃性。"景区建设，规划先行"，首先，要注意规划的科学性，最好是与专业规划设计机构合作，制定专项提升规划；其次，规划成果的严肃性，评审公布要认真对待，规划存废更要慎之又慎，尤其是约束性、引导性条款往往经过专家的仔细论证，不能轻易偏废。

8.4.3　做好营销宣传

5A标准中，在景观质量评价方面，除部分人造景观可有较大提升幅度之外，其他景区提升空间相对较小，因此创建重点集中在市场影响力上。评定中景区资源市场影响力分值为35分，包括知名度、美誉度、市场辐射力和主题强化度4个方面。5A标准要求受到95%以上游客和绝大多数专业人员的普遍赞美，市场辐射力要求有洲际远程游客，主题鲜明，特色突出，独创性强。因此创5A除了要努力提升自身条件外，还要做好景区的营销和宣传，扩大景区的影响力，为5A加分。

8.4.4 引导政府积极参与

旅游景区的创建必须积极争取政府的支持和投资，政府的大力参与和投入，将是创5A景区成功的重要推动力。旅游的区域性，决定了景区开发必须依靠政府的统筹协调，比如开发中旅游交通建设、土地使用、工商管理、区域合作、跨区域营销等方面的沟通和协同。在旅游资源的属性方面，景观资源、生态环境、历史文化古迹及文物等等都是不可再生资源，需要高度重视保护问题，因此也涉及政府部门对资源监督与管理。旅游开发的外部性，决定了旅游发展不能单一由投资商独自解决。其中可进入性、基础设施、配套规划等的，必须有政府的投资和规划引导，以及政府的协调推动。游客的跨区域性，涉及安全、交通安排、服务环节衔接、突发事件处理等众多问题，跨区域流动，区域营销，需要政府的协同与合作。也决定了政府必须对旅游市场进行监督管理。

由此可见景区在开发过程中，必须依靠政府的支持和参与，走政府主导的发展路线。政府为创建提供旅游规划、系统协调、资源管理、资源保护、公共工程投资、市场管理、营销促进等多方面的服务。

8.4.5 关注六大工程

在规划实践中我们发现游客中心、标识系统、游步道、厕所、垃圾箱以及停车场这6个评定项目分列项占分列项总数20%左右，但总分值却达到400分，占40%。5A景区只有50分的丢分空间，也说明如果这6项有任何一项成为软肋，旅游景区创5A就不可能申报成功。同时，这6项均具有作用长期、提升周期短等共同特点，也是现场检查中容易给人造成直观印象的内容，因此其建设完善有助于景区的快速提升。

1.旅游景区第一景——游客中心（图8-6）

根据创建标准，游客中心应设在主入口附近，方便醒目的地点；并且做到标识醒目；造型、色彩与外观要能与周围景观相协调；专用面积适应游客需要；提供景区导览宣传资料、游程线路图等；提供游客休闲设施；提供票务服务、咨询服务；同时也要关注特殊人群，提供相关服务（如残疾人轮椅、盲道、无障碍设施，老年人使用的拐杖，儿童使用的童车等）。

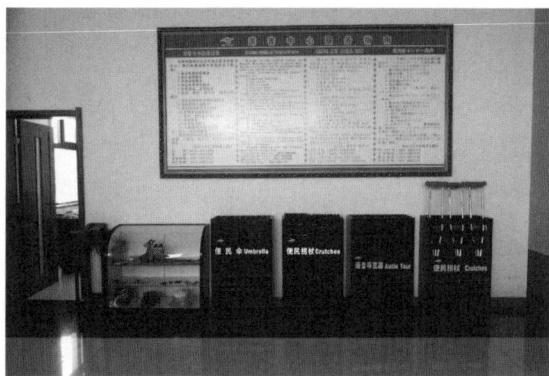

图8-6　鸣沙山月牙泉风景名胜区游客中心的便民服务　（李蓓　摄）

2.面子工程——标识系统（图8-7）

评选细则当中，与旅游标识直接相关的内容，总分值达到195分，细则一中与它相关的评定项目分值为49分，细则三中17个项目有2项也直接与旅游标识相关。按照评定标准，标识系统要种类齐全，包括导览全景图（全景图要正确标识出主要景点及旅游服务设施的位置，主要包括各主要景点、游客中心，厕所、出入口、医务室、公用电话、停车场等，并明示咨询、投诉、救援电话）、导览图（大型景区内交叉路口设置导

图8-7　成都宽窄巷子随处可见的标识牌　（徐晓东　摄）

145

览图，标明现在位置及周边景点和服务设施的图示）、景物介绍牌、标识牌等，标识系统要布局合理，设计精良，制作精美。设计制作精美，维护良好，无脱落、无毛刺、无腐蚀等。在标识系统上以中、英文为主的至少2种语言的对照说明。

3.旅游景区脉络——游步道（图8-8）

游憩行为与游步道发生联系的时间是最长的，设计合理的游步道可以成为景观的一部分，相反不合理的游步道也会破坏整体景观的美感。按照标准，游步道的进出口设置合理，不过分邻近，有利于游客疏散。游步道设计特色突出，体现景区文化，采用生态或仿生态效果。线路设置形成环线，观赏面大，有利于游客游览。

图8-8　沙家浜旅游区游步道　（孙志宏　摄）

4.人性关怀——厕所（图8-9）

景区厕所是游客对旅游品质最为直观，也最容易留下深刻印象的地方，在细则一中占到65分。按照要求，景区要提供厕所的布点图。厕所位置合理，相对隐蔽，但易于寻找。数量充足，总量达到旺季日均游客接待量的5‰以上。厕所使用水冲，或生态厕所的比例达到100%。A级标准厕所达到100%。如果固定厕位不能满足高峰期要求，设流动厕所。厕所设备洁具质量好，内部有文化氛围，主要游览场所的厕所内部应具备盥洗设施、挂衣钩、卫生纸、皂液、面镜、干手设备、烟缸等设施。在游客集中场所，厕所有专人提供服务。关注特殊人群，设残疾人厕位。

图8-9　方特欢乐谷厕所完全体现公园的主题与文化 （薛冀 摄）

5.细节关注——垃圾箱（图8-10）

垃圾箱是景区内部最微不足道，但也最被需要的。游客在景区内部与垃圾箱打交道的频率要远远高于其他诸如供水、邮电、电信、通信等基础设施。微小细节更能彰显景区的服务水平。在垃圾箱的设计和安置方面上要注重：数量充足，布局合理；造型美观，与周围景观环境相协调；外观整洁，分类设置。

图8-10　成都宽窄巷与周围环境融为一体的垃圾桶 （徐晓东 摄）

6. 贴心守候——停车场（图8-11）

旅游交通位于细则一的首位，而景区作为单体，可控性最强的就是内部交通线路和停车场的建设。5A景区标准中要求景区自备停车场，同时停车场要有绿化停车面或绿化隔离线。停车场设停车线、停车分区、回车线、分设出入口、专人值管。车场内有方向引导指示标识。停车场要求美观，有特色或文化性，与景观相协调。

图8-11 沙家浜景区游览车及生态停车场 （孙志宏 摄）

8.4.6 建设精品服务

建设景区服务体系是成功创建5A的有效保障。随着旅游市场竞争的日益激烈，良好的服务设施、规范的服务内容、一流的服务质量等成为景区的制胜法宝。制度建设及员工素质等软性提升往往成为景区参评的关键，尤其是在游客满意度调查和后期专家复核中导游人员不专业、服务人员态度差等缺陷往往直接影响景区形象。主要改善措施如下：

1. 制定标准化服务管理制度

为保证景区的服务质量，树立景区优质服务品牌形象，制定标准化服务管理制度，做到统一形象、统一品牌、统一宣传口径、统一服务标准，避免参差不齐的服务水平，降低景区整体服务质量。景区管理人员和从业人员要严格遵循管理制度，管理人员做好监督管理和协同工作，从业人员要做好服务工作，杜绝擅自离岗，串岗，工作态度差，聚集闲聊等现象。

2.树立人本意识

树立人本意识，把人力资源优势作为企业发展的一种资本。把人才培养过程作为景区的一项长期投资，强化对员工服务意识和服务技能的培训，使员工更好地适应本职工作，为游客提供优质服务。

3.组织游客满意度调查

定期组织游客满意度调查，有针对性地对游客需求和满意度进行调研，为游客和景区搭建直面式平台。了解游客心理需求，可以对景区管理、营销和服务提供针对性指导，为景区工作的不断改进提供实战性方案。

4.提高工作人员素质

树立旅游员工和当地居民的好客意识，推动义务咨询、义务导游活动。树立人性化服务理念，提高服务水平，着重"贴心、细心、用心"将服务落实到细节，例如推出旅游信息咨询服务电话、雨天等特殊天气提供免费雨伞用具等。

5.建立竞争机制

为实现景区服务品牌化、口碑化，提升景区的服务水准，激发员工的工作热情，建立竞争机制。如建立奖励制度，开展"服务之星"评选活动，每月选出口碑最好的员工并给予一定的奖励，形成良性竞争机制。

6.建立人才引进机制

通过多种渠道引进人才。一方面通过传统的招聘制度从人才市场选拔人才，另一方面通过与各高校合作引进专业人才，为景区从业者制定一个良好的职业规划。通过不断地吸收高新人才，稳定发展内部人才，改善景区人才结构，提上景区从业人员整体素质。

8.4.7 联动发展，捆绑式申请

当前5A级旅游区创建申报数量越来越多，同质类型景区竞争激烈，通过难度加大。要从激烈的竞争中脱颖而出，对游客是否有吸引力，是否具有独特的旅游资源是关键因素。在新一轮的创建5A过程中表现出一些新现象与新特征——联合创建。采取"联合创建"的方式，使得景区间不同类型的旅游资源得以互补，将使景区的资源评价更具独特性、差异性。目前联合申报、捆绑申请创5A景区的越来越多，景区空间距离不断扩大，甚至到区域的范畴。如已经申报成功的云台山—神农山—青天河风景区5A景区、尧山—中原大佛景区5A景区，大连老虎滩海洋公园—老虎滩极地馆5A景区，济南天下第一泉风景区（趵突泉—大明湖—五龙潭—环城公园）5A景区；正在联合申报的贵州青岩古镇—青岩堡—花溪公园—花溪国家城市湿地公园整合创5A，滨海航母主题公园—中心渔港—北塘古镇—三河岛—东疆湾整合创5A，长沙岳麓山—橘子洲—岳麓书院—新民学会整合创5A。多景区联动发展、共同捆绑申请5A成为当下重要的发展趋势。

第9章 案例分析

9.1 历史文化旅游景区创5A案例：阆中古城

9.1.1 项目概述

古城阆中位于四川盆地东北缘、嘉陵江中游，有着2300多年建城史，与丽江古城、平遥古城、歙县古城并称为"保存最为完好的四大古城"，素有"阆苑仙境"、"风水古城"、"天下第一江山"之誉。"山围四面、水绕三方"的独特环境，棋盘式的城市风水街道布局，融南北风格于一体的建筑群，阆中古城是展现中国古代建城选址"天人合一"思想的完备典范。

然而，比起丽江古城、平遥古城、凤凰古城、乌镇、周庄等古城古镇旅游品牌的华丽转身，阆中古城资源吸引力、市场影响力未能得到完全释放，服务质量与游客满意度等方面距离国际知名、国内一流的旅游景区尚存在一定的差距，一些瓶颈问题制约着阆中古城的进一步发展。近年来，在"旅游立市"目标的指导下，阆中市委市政府加大了对阆中古城的保护与开发力度， 2008年6月阆中市政府决定冲刺AAAAA级风景区。

2011年10月，阆中市先后高起点编制了《阆中古城创建国家5A级旅游景区总体规划》和《阆中古城创建国家5A级旅游景区实施方案》，所有创建任务均按既定规划确定。自2011年规划正式开始实施以来，阆中古城软硬件设施、景区品质和品位较以往有了很大的提高，旅游人次及旅游收入增加明显。2012年阆中古城接待游客395万人次，实现综合收入34亿元，同比增加21.5%和33.2%。2013年9月13日，阆中古城高分通过检查验收，正式晋级川东北首个5A级旅游景区。

9.1.2 创5A前期分析

1.创5A基础分析

2005年10月，阆中市启动国家4A级风景区创建工作，确立了阆中古城以"风水文化"、"科举文化"和"三国文化"为三大主题，全力打造由古城、嘉陵江、锦屏山"一城一江一山"构成的阆中古城景区。2007年底，阆中古城被国家旅游局认定为国家4A级旅游景区。

总体上，过去的创建实践为阆中古城创建5A级旅游景区奠定了坚实的基础条件。旅游立市目标明确，外部条件渐趋完善；古城保护基础扎实，低碳古城格局初显；旅游规模持续扩大，旅游市场尚存空间；初具世界级吸引力，境内外影响力扩大；旅游设施基本完善，旅游要素渐成体系。

2.创5A差距分析

在创建之初，就《旅游景区质量等级评定与划分》（GB/T 17775—2003）三个细则的要求，规划专家组自测阆中古城分值分别为834分、83分、81分，而细则一要求的旅游标识系统、厕所及景区客观质量又直接决定细则二、三的主观评价，主要弱项集中在这4个方面：①文化风貌不够浓郁；②滨江体验不够丰富；③夜游产品严重缺乏；④古城夜景不成亮点。

阆中古城在2007年才成为4A级景区，距离5A级旅游景区标准弱项比较明显。这些差距主要集中体现在6个方面：①资源禀赋较高，但产品化程度不够；②具备一定的游客规模，但消费结构不合理；③外部交通不畅，可进入性较差；④城镇扩张迅速，风貌保护压力大；⑤多重文化叠加，品牌形象识别不清晰；⑥营销效果初显，但市场认知关联度不够等发展瓶颈。

9.1.3 提升工程具体措施

1.创5A总体思路

阆中古城创5A规划的核心理念，注重把旅游品质提升与社区发展、社会发展、经济发展有机统一。规划提出，依托阆中丰富的文化资源，突出风水文化特色，做强风水文化主题，以春节文化、科举文化、三国文化等其他文化为补充，立足阆中古城区，整合周边山水资源，提升山、水、城的旅游价值，构建阆中大古城旅游区，打造环境宜人，韵味十足，以风水为文化品牌，集山水观光、古城游览、文化体验、休闲度假及民俗风情体验等功能于一体的特色鲜明、功能完善、效益显著、可持续发展的中国最具吸引力的国际休闲旅游城市。

2.创5A发展目标

2013年成功创建5A级旅游景区，争取在2015年左右列入世界文化遗产名录，最终将阆中古城建设成为具有浓郁中国传统品格，最具吸引力的国际休闲旅游文化名城。

3.创5A重点提升工程

（1）街区主题提升重点工程：以阆中风水文化为品德核心，以民居文化、科举文化、三国文化和艺术科学为支撑，通过项目打造和景观设计，尊重古城明清时的街巷功能，凸显阆中最具中国传统特色的气质，复活完整生动的千年古城。提炼并整合阆中古城文化精华，塑造和推广"阆中古城，风水宝地"、"风水福地"的旅游形象，形成"七星东指，天下皆春"的七大主题旅游街区（图9-1）。

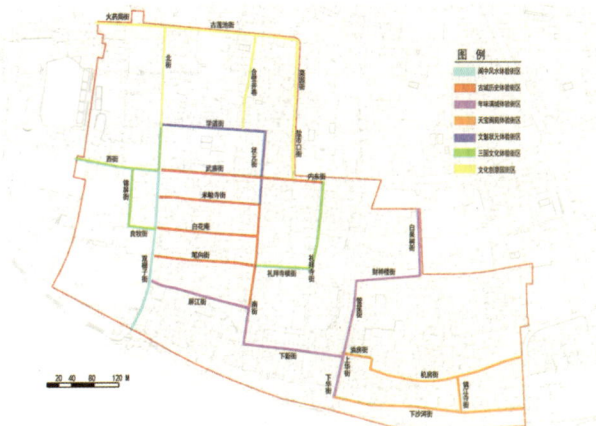

图9-1　街区布局图

（2）院落主题提升重点工程：在梳理75个列入《古城保护办法》的古院落的基础上，形成28个精品院落、80个特色院落，组成108个极具代表性的古院群落，使阆中古城真正成为世界唯一的古院落之城（图9-2）。

图9-2　院落布局图

（3）旅游交通提升工程：争取支持，加速推进阆中至成都、重庆两大目的地市场的旅游快速专线，建设三大城市交通环线，利用南充机场、支线机场，全面突破阆中古城旅游交通瓶颈，构建通畅的旅游大交通（图9-3）。

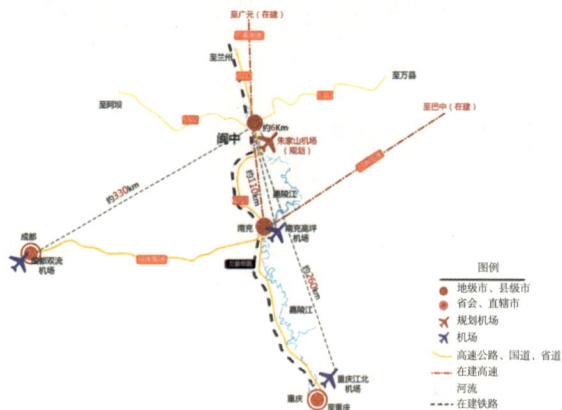

图9-3　外部交通分析图

（4）游客中心改造工程：对接未来阆中古城区的外部交通规划，实行游客服务中心外移。按照5A级景区的标准，提升游客中心的功能。游客中心设施包括：景区介绍栏、景区沙盘、服务大厅、游客投诉台、游客休息处、交通换乘点、信息中心、影视解说厅、设备租赁处、信息触摸屏、银行ATM、医疗点、手机充电器、行李寄存处等（图9-4）。

图9-4　游客中心改造后效果图

（5）标识系统提升工程：景区标识系统主要包括导游全景图、景物（景点）介绍牌、道路导向指示牌、警示关怀牌、服务设施名称标识等五大类型（表9-1）。

对景区标识牌进行统一设计。交通标识图案统一规范，凡带有地形图示，在易于理解的基础上，统一坐标系统，饰以体现川北及阆中古城特色的文化符号。

标识内容用5种语言表达：中、英、日、韩、俄，翻译准确。制作材质以木制为主，体现生态理念，易于维护。牌示经常清洗、擦拭，保证清晰和干净。

标识系统提升工程 表9-1

牌示类别	规划要点	主题
导游全景图	在入口区、主要景点、主要路口、停车场设置"阆中大古城景区全景导游图",并且在图上用中英文标识当前所在的位置。高度2~3m左右,标出游览路线、主要功能区的分布及主要游览点,让游客在进入游览区前有一个大概的了解,从而对其旅程有初步的计划	风水、春节主题
道路导向指示牌	在整个游览线路和各功能区内的交叉路口上,都应有路标指示。合理设计,避免因转移注意力而产生潜在的否定印象,旨在激发旅游者兴趣	风水、春节主题
景物(景点)介绍牌	说明单个景点的特色、内涵等作用,牌示应与环境相协调,高度在0.6~0.8m左右,并水平形成45°的倾角,使游客能较轻松地阅读解说词	根据各景区的特点有所区别,有风水、春节、三国、科举文化、自然生态等主题
警示关怀牌	在游览路线上设立一些警示牌,如提醒游客保护环境,不要破坏雕塑及建筑物等,用语应柔和、乐于接受。忠告牌示高度不宜过高,在0.5m左右,不可破坏主要景观,可用木牌、石头雕刻或堆砌	外观活泼,春节、风水主题
服务设施名称标识	指示公厕、IC卡电话亭、餐厅、小卖点、导游点、宾馆等服务设施所在。在每一功能建筑前应有简要的说明文字,说明主要项目,使游客能准确地得到想要的服务	简洁,风水、春节主题

(6)游憩设施改造工程:包括观景平台提升和休憩设施提升。

从风水体验角度在锦屏山、奎星楼、东山园林等山地设立观景设施。有对风水古城格局的文字解释和说明,辅助高科技触摸屏,增强游客体验。此外,沿嘉陵江边设置滨水观景台,设计要将"游憩、景观、生态"三个元素综合考虑。

从人性的角度设计多款休息座椅,采用石材、木材、竹藤、塑胶、彩色混凝土等材料,创造出个性化、艺术化、富于创新的设计。有传统的木质座椅，还有鲤鱼坐凳、原木坐凳、人形坐凳、锣鼓坐凳等，座椅设计与周边环境要协调一致（图9-5）。

图9-5　休息座椅设计图

（7）旅游业态提升工程：涉及住宿、餐饮、娱乐、购物等方面。

住宿方面：针对阆中古城内的民居客栈，规划建设提升20～30家精品民居客栈，拉升客栈整体实力，促进客栈的良性竞争发展。

餐饮方面：以软硬件设施的提升带动阆中古城餐饮设施的发展，做大做强阆中特色菜，打造"精品化、优质化、特色化"的阆中餐饮业态，打造阆中美食品牌。

娱乐方面：构建高端与大众消费结合、阆中文化品位与现代时尚潮流互动的娱乐设施，将休闲娱乐打造成为阆中古城的吸引点，延长游客停留时间，增加游客消费。开展具有国际影响力和广泛参与性的节庆赛事与表演。

购物方面：在现有基础上做新、做大、做强阆中古城的旅游高端产品开发，创造系列产品，扩大阆中古城的旅游购物吸引力。

（8）旅游安全保障工程

安全制度的制定与实施方面：在现有安全保卫制度的基础上，建立健全安全等级保护制度，制作针对高峰期或突发事件的各种安全预案。

安全设施设置方面：包括危险地带安全防护设施，消防、防火等设备，监控设施，游览游乐服务设施安全等。

旅游安全宣传教育方面：完善阆中大古城旅游区的安全说明系统，包括安全说明和须知等。在游客集中的阆中古城区（如状元街、管星街等）设置安全说明和图示。

医疗设施完善方面：提升阆中景区现有医务室的设施设备，配备专业医疗人员负责景区日常的医疗和急救工作。设立紧急救援体系，设置紧急救援通道。

（9）卫生整治工程

环境整治提升方面：包括游客容量控制、大气环境保护措施、水体环境保护措施、声环境保护措施、建设期环境保护等。

垃圾桶提升方面：对垃圾箱进行美观化设计。外观整洁，数量适应，造型与景观相协调。设置封闭垃圾集中站，并配备专用垃圾车，按环保部门意见及指定地点消纳。

旅游厕所提升方面：对创5A范围内的景区按照三星级厕所的标准进行建设，同时增加高星级厕所的数量。旅游厕所应采用生态厕所，外观和风格要求与环境相适应。

（10）数字化景区建设工程：以人为本，以信息科技为辅助，对景区的"保护、科研、开发"建立"管理精细化、功能模块化、信息网络化"的综合应用与基础平台。将"景区管理"贯穿于"景区保护"、"景区科研"、"景区开发"三大工作中。阆中数字化景区建设工程主要包括交通数字化、游览数字化、电子商务系统、监控数字化等方面。

（11）风貌整治工程：包括古城风貌提升、绿化系统提升、滨水景观提升、景观小品提升等（图9-6～图9-8）。

4.创5A分分必争强化工程

在创5A的工作中可控制的分值有限，竞争激烈，分分宝贵，需要不拘"小节"，分分必争。针对不足以列入上述工程范畴的"小节"或虽得满分但仍易失分的部分以及其他的软件材料，统统纳入分分必争工程，由专人负责统筹，防止"因小失大"，坚持步步为营，分分必争（表9-2）。

图9-6　历史文化街区建筑改造图

图9-7　绿化系统规划图

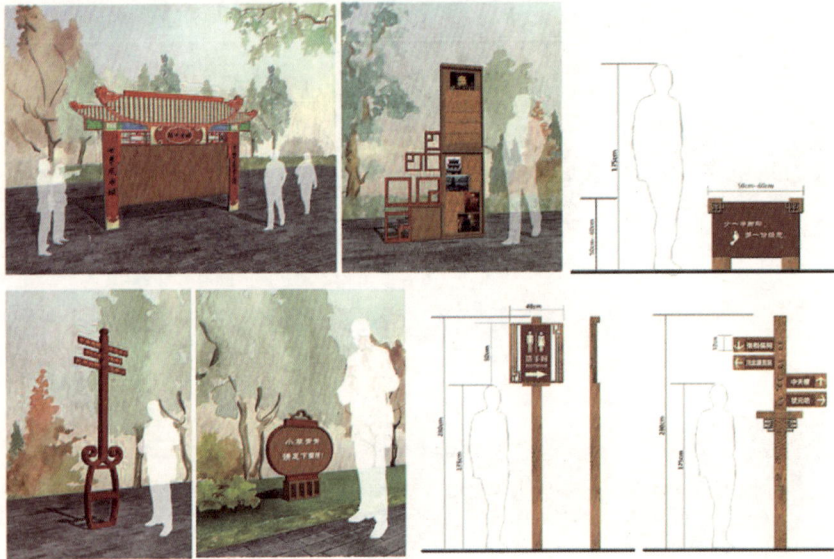

图9-8　标识系统提升设计意向图

分分必争工程内容一览表　　　　表9-2

大项	必争项	必争分	必争措施
旅游交通	外部交通标识	10	对外部交通标识进行系统改造，增加阆中古城的文化性和古意
	停车场管理	8	完善停车场管理制度、旅游车辆管理制度、停车场防火制度等管理措施，加强对停车专职人员的管理
	停车场或码头美观，有特色或有文化性	2	对停车场和码头进行装饰和文化包装，融入古建元素、文化主题
	小计	20	
游览	门票	10	对门票进行系统设计，按照5A级评分要求设置内容，杜绝商业广告的出现
	宣传资料	15	由专人负责"导游图、明信片、画册、音像制品、研究论著、科普读物"的印制，保证种类齐全，并在游客中心、主要景点有展示或出售

大项	必争项	必争分	必争措施
游览	导游服务	37	加强导游队伍的管理，对导游员进行培训，丰富导游词，提高导游水准
	公共信息图形符号设置	18	在保证公共信息图形符号位置和数量齐全的前提下，加强文化设计，以与景观更好协调，并加强维护
	小计	80	
旅游安全	高峰期游客安全处置	7	增加《节庆游客安全分流预案》、《交通突发事件应急处置预案》、《水上活动安全预案》、《景区防火预案》等预案文件，保证高峰期游客安全
	游览游乐服务设施安全	5	增加救生圈、防滑地及无障碍设施等游览安全设施，杜绝游客在游览游乐中发生意外
	安全警告标志、标识	4	在古城、嘉陵江及锦屏山上增加安全警告标志的设置，宁可多不可少
	医疗服务	8	根据5A级评分标准完善医疗服务的内容，保证检查不扣分
	小计	24	
卫生	吸烟区管理	5	划分吸烟区和非吸烟区，制定完善的管理制度，管理措施明确，管理行为到位
	食品卫生、厨具质量	5	保证食品卫生符合国家规定，厨具进行消毒处理。餐厅操作间卫生制度完善，管理到位
	小计	10	
邮电	邮政服务	2	增加景区内邮筒的布置点，尽可能满足游客随时的邮政需求
	纪念服务	6	在纪念品上突显阆中的特色文化，有风水文化、春节文化、科举文化、三国文化等
	公用电话设置	4	丰富公用电话亭的布点
	公用电话亭及标志	4	根据不同地段的景观特点设计公用电话亭，增加区别性元素的加入，让游客有更多的景区识别性，同时与周围环境也更协调
	小计	16	

大项	必争项	必争分	必争措施
综合管理	企业形象	32	对产品形象、质量方针或口号、企业标志、员工服饰、员工服务等内容进行完善管理，对于新增的企业标志进行注册。保证不失分
	培训	20	增加培训内容，明确培训人员和经费，做好各种培训的档案和总结
	游客投诉及意见处理	20	制定游客投诉处理程序，完善投诉制度，明确投诉电话、投诉办公室的位置和标识，增加投诉信箱、意见簿的布点
	小计	72	
总计		222	

9.1.4 创5A经验总结

1.案例点评 —— 阆中模式

（1）政府支持，创造条件。

政府在阆中模式中扮演着主要角色，政府的极大参与和鼎力投入正是阆中古城成功创建5A景区的关键。阆中市委、市政府以阆中古城创5A工作为契机，对古城旅游设施、交通全面提档升级。创建工作涉及的近百项建设任务，没有一个项目因资金不足而影响实施。

（2）科学规划，严格把控。

先后高起点编制《阆中古城创建国家5A级旅游景区总体规划》、《阆中古城创建国家5A级旅游景区实施方案》，所有创建任务均按既定规划确定。

（3）项目支撑，强力推进。

涉及旅游景区建设、旅游产品创新、旅游交通完善、旅游安全整治、旅游服务升级、配套设施改进、资源和环境的保护、环境品位提升等方面。

（4）创新机制，全民参与。

创新领导机制，党政重视，领导挂帅。成立市委书记任总指挥、市长任指挥长，相关市级领导任副指挥长，各责任单位一把手为成员的指挥部。

创新责任机制，分工明确，强化追责。分设创建办公室和秘书组、技术组、软件组、督查组等4个工作组，任务分解到位，分管领导定期专项述职，对项目推进不力，存在严重滞后问题的单位予以通报。

创新保障机制，项目支撑，政策扶持。市委、市政府围绕资金、土地、环境三项重点，构建"投入有力、环境给力"的保障体系。以项目为载体，提供坚实的财力保障；"特事特办、要事快办"，凡创建项目涉及的用地、手续问题，优先解决。

创新督办机制，跟踪督查，现场督办。由市纪委书记牵头成立创5A督查组，每周一通报，每月一次专题研究，每季度一次专项小结。实行目标倒逼、专项督办，确保各项建设任务优质高效完成。

创新宣传机制，人人关心，全民参与。"举全市之力，集全民之智"，召开官员、市民代表参加的创建推进会。宣传发动到位，进行多角度、多层面、全方位宣传报道，营造人人关心创建、全民参与创建的良好氛围。

2.探索与启示

阆中古城创建5A景区的成功兑现表明：一个科学的5A规划及提升方案作为指引，一个完善的配套项目体系作为支撑，一个良好的创建氛围作为保障，是景区创5A的必备要件。创5A工作要关注的不仅仅是简单的提升规划，而是一个全程的操作，从方案的设计到落地的执行，工作机制的创新等，对创建工作的每个环节进行把控。

9.2 大型活动场馆后续旅游发展创5A案例：奥林匹克公园

随着中国在国际上地位的提升，各种大型活动在中国举办的机会越来越多，如奥运会、亚运会等体育赛事，世博会、园博会等世界性博览会，这些活动轰动一时，具有高知名度和影响力的特点。同时为了配合活动的顺利进行，创建良好的城市品牌形象，城市耗费巨资修建各种设施场馆，提升公共环境品质。但是大型活动过后，如何实现后续利用却成为困扰区域发展的一个难题，仅维护保养一项就已是城市财政的一个大负担。如何变负担为赢利，如何因地制宜创新产业链，变被动为主动实现可持续发展，奥林匹克公园为在这方面找到了新的突破口——实行景区式运营，通过创5A提升发展旅游。

9.2.1 奥林匹克公园成功创5A的条件

1.奥运会的成功举办使奥林匹克公园成为世界级旅游资源

为了迎接2008年奥运会，国家投资建设了包括国家体育馆、鸟巢、水立方在内的10个比赛场馆，奥运村及相应的配套设施。

现在的奥林匹克公园中心区就是举办北京2008年奥运会的主要场地，拥有亚洲最大的城区人工水系，亚洲最大的城市绿化景观，世界最开阔的步行广场，亚洲最长的地下交通环廊。奥林匹克公园中心区奥运工程配套设施建设，包括地下交通联系通道工程、地下车库、地下空间及下沉花园、中轴铺装、龙形水系、中轴树阵、景观绿化、游览道路、演播塔、赛时停车场、娘娘庙绿化、暗挖通道等12项工程。这些为了满足奥运会的需求而修建的基础设施，实际从交通、游览、卫生、购物、接待能力、综合管理等方面为景区创5A创造了良好的条件（图9-9）。

图9-9　奥运场馆成为奥林匹克公园的核心吸引物　（吴必虎　摄）

北京奥运会后，鸟巢、水立方已经逐渐成为继故宫、长城之后，北京新的标志性建筑，这说明奥运会实际上成为奥林匹克公园景区营销宣传的一次推广活动，通过举办2008年奥运赛事提升了奥林匹克公园的知名度和影响力，使其成为世界家喻户晓的景区。

可以说，成功举办奥运会之后，奥林匹克公园从生态环境、基础设施、知名度和影响力等若干方面都已经具备了5A级景区的条件。

2.奥林匹克公园创5A景区的关键因素

2008年北京奥运会的成功举办为北京旅游发展注入了新的血液，北京奥林匹克公园成为北京旅游的又一世界级核心吸引物，奥运资源的有效利用是北京奥运主题旅游未来的发展方向，奥林匹克公园创5A的优势主要表现在以下几个方面：

（1）北京奥运的成功举办进一步提高了北京的国际知名度，强势的奥运宣传丰富了北京国际城市的品牌形象，为北京奥林匹克公园景区的发展提供了巨大的潜在客源市场。

（2）奥运场馆已经成为北京的地标性建筑。北京奥运会的成功举办，让世界更了解中国，更关注中国。而奥运会鸟巢、水立方等场馆更成为中国北京这个古都的新地标，成为北京旅游的热点。

（3）国际化标准的建设为景区留下了高质量的配套设施基础，景区基本条件和整体素质已经远远超出了5A级景区标准。

（4）奥运后的游客数量大大超出了5A级景区的最低要求，每年入境游客数量众多。自2008年奥运会后对公众开放以来至2012年12月园区已接待游客1.2亿人次，平均每天13万人次，成为重要的体育、文化、休闲会展和奥运标志的旅游地。随着全国旅游的发展，会吸引更多的境内外游客来到奥运景点参观。

北京奥林匹克公园经过景观资源整合、机制转换、景区提升等工作，创建国家5A级旅游景区成为北京奥林匹克公园整体发展的重要目标。

3.赛后利用规划促进创5A成功

奥运会的赛后利用规划中确立的发展目标是将奥林匹克公园打造成为包含体育赛事、会展中心、科教文化、休闲购物等多种功能在内的综合性市民公共活动中心。2009～2011年奥林匹克公园游客数量不断上升,各场馆通过不同方式自负盈亏,其中国家会议中心和国家游泳中心是北京奥运会赛后利用最为成功的场馆,成为奥林匹克公园自负盈亏的初步尝试。从这个角度上来说,赛后规划进一步推进了奥林匹克公园的旅游化发展,推动了其创5A的脚步。

2010年底,国家体育场(鸟巢)、国家游泳中心(水立方)、国家体育馆、国家会议中心、奥林匹克森林公园、中国科技馆、新奥集团(奥林匹克公园中心区业主)、北辰洲际酒店、凯迪克格兰云天大酒店9家业主单位联合,集体打包创5A,经过2次初审和3轮暗访,最终于2012年11月22日顺利通过国家5A级景区申报,经全国旅游景区质量等级评定委员会公告批准成为国家5A级旅游景区。

9.2.2 奥林匹克公园5A旅游景区创建

1.创5A工作重点

奥林匹克公园创建5A的重点是秉承"传承奥运精神,塑造5A品质"的创建理念,在延续和发展园区已有资源和功能的前提下,紧紧围绕旅游六要素,不断完善景区服务功能,对园区的整体品质和人性化服务进行了改造和提升。

奥林匹克公园依据《旅游景区质量等级评定与划分》的要求,在园区交通、安全管理、环境卫生、邮政服务等8大方面进行全方位整改,共完成5大类硬件设施的新建和改造,以及3大类服务标准及配套设施的提升。创建工作主要表现在以下4个方面:

(1)高效率建立创建工作领导小组。专门成立了奥林匹克公园创建国家5A级旅游景区工作领导小组,由市区领导担任组长、副组长,主抓创5A工作,各政府相关部门和业主单位为成员单位相互配合。领导小组分解创建工作的任务目标,细化到各部门各单位,切实创建国家5A级旅游景区工作的领导和协调力度。定期召开会议,听取工作汇报,及时研究部署创建工作,做好对各有关部门的督促检查。

(2)高起点完善园区基础设施(图9-10)。科学规划建设公共售票厅、旅游纪念品销售和商品销售点，包括流动售卖车、餐饮点、自动取款机等便民设施。逐渐完善游客服务中心的功能，规范园区导览和指示标识。积极配合市属相关部门，推动地下环隧通道的启动，合理设置出租车等候区，缓解交通压力。加强检查力度，做好公园景观美化。加大环卫保洁力度，确保地面清洁；加强废弃物的管理，设立数量充足的分类垃圾桶；做好公共卫生间的管理，满足游客的如厕需求。

图9-10　奥林匹克公园强化建设高标准游道　（陈静　摄）

（3）高标准保障园区公共安全。加大执法力量，打击非法游商，进一步完善公园派出所和城管队建设，充实一线力量；加强安全检查和监控，完善安全防护设施，配齐消防、防火等设备；设立定点医疗和救护服务，建立健全紧急救援体系；积极做好食品卫生的检查和监督，实时监控园区所有餐饮点的卫生质量。

（4）高水准做好游客服务接待。出台一系列规定，规范公园窗口行业的服务态度，并定期评比，对各支保安员队伍进行专门的礼仪培训，提高服务质量；加强志愿服务，组织有多语种服务的志愿者队伍，确保服务到位；加大招商力度，尽快完善商品售卖系统；加快公园公共网站双语建设，确保园区的大型活动、场馆运行情况等信息的及时发布。

2.奥林匹克公园旅游发展中的问题及整改

奥林匹克公园成功创建5A级景区以后却出现了一些不尽如人意的地

方，以致在后来的审核过程中几乎被摘牌，被勒令整改，主要表现在环境卫生和综合管理方面。

奥林匹克公园作为一个公共休闲中心，环境卫生维护难度很大，经常出现垃圾扔得到处都是，经常出现垃圾桶里不见垃圾，桶周围却扔满了白花花的纸屑、包装袋等现象，这明显与5A级景区的牌子不符，严重影响了景区的公共形象。

在奥林匹克公园发展初期，由于对购物规划不太合理，造成了小商小贩杂乱摆摊，拉客现象严重，2013年，景区管理者对此重新进行了规划，对商贩摊位统一规划、统一管理，取得了一定成效。

除此之外，奥林匹克公园作为一个开放的公园，在管理上确实存在难度，这是今后需要提升的一个重要方面，如加强对景区周边区域的管理，避免景区附近的公交站牌等公共区域张贴小广告等现象，加大景区服务中心功能，引导游客文明游览。

环境卫生和综合管理问题严重影响了奥林匹克公园5A景区的形象和品质，也值得其他景区引以为戒。

9.2.3 大型活动设施场馆后续旅游发展创5A操作指南

1.根据活动赛事设定主题和发展方向

活动设施场馆要景区化，首先要对未来的发展方向有清晰的定位，并且在该定位的指导下明确相关主题，即明确未来发展要做什么、怎么做，以及要达到怎样的目标。国家旅游局、北京市政府、朝阳区政府等对创建北京奥林匹克公园成为国家5A级景区的工作要求，目的就是为了更好地整合并有效利用奥运后景区资源，促进后奥运时代的经济发展，根据奥运会期间的功能设置转型为体育旅游、会议旅游、休闲旅游。

2.软件提升是关键

场馆要进行旅游开发以满足后期可持续发展、景区化运作，必须在现有活动场馆设施的基础上，因地制宜地进行硬件设施的改造和提升。一般情况下，大型活动赛事，如亚运会、奥运会、世博园等基础设施在建设初期就超过了5A景区的标准，但在创5A的过程中仍然要严格按照《旅游景区质量等级评定与划分》分项检查，达到全面创建。

这些活动场馆遗产大部分都是硬件，在创5A的过程中，软件提升是关键，应加强对运营人员的培训，树立以游客为中心的服务理念，在管理上科技化、智慧化，营造良好的景区环境。如奥林匹克公园在创5A的过程中就特别重视加强环境卫生、服务质量、综合管理等软件的提升。

3.利用活动热度提升景区影响力

大型活动赛事通常都具有较高的社会影响力，尤其是很多国际性赛事，具有广泛的知名度和关注度，受众群体较大，结构多元化为景区吸引了大量的潜在游客。另外，通过受众对活动的关注提高对景区的关注，宣传景区的核心吸引力，引起受众的好奇心。在活动刚结束之时，充分利用活动余热，对设施场馆的转型进行跟踪宣传，利用现有条件对活动遗产进行开发再利用，并不断完善更新，引导舆论热点，加速景区的转型与发展。

4.提前做好赛后规划提升

由于场馆在大型活动赛事中的功能和景区运行后的功能是不同的，因此，必须在规划初期就做好赛后的利用提升规划，为场馆改造转型为景区或主题公园做好准备，以求能够在赛事活动结束后的最短时间内完成功能转变。如悉尼奥林匹克公园定位为国际大型赛事中心，并且奥运会结束后把有数码大厦的高科技社区变成高科技信息产业基地，定位为健康社区，取得了很好的效益。

5.场馆的项目化运作与开发

场馆要实现转型，景区化运作，创5A，需要在原有场馆活动设施的基础上，开发全新项目和产品，如主题游乐、主题表演活动、景点和商业产业等，如水立方、鸟巢等后期利用场馆继续承办体育赛事，开发冰雪嘉年华等全新的游乐项目，充分利用了现有的场馆资源。

6.相关产业综合发展

大型赛事活动场馆的后续旅游规划中，在确立了主要项目产品之后，还应注重相关产业的融合发展，如场馆改造成为动漫主题公园，则可以考虑在周边发展动漫研发、创作基地，卡通电视电影制作等，丰富和延长相关产业链，形成区域产业经济带。

7.后期商业运作模式设计

成功的大型活动本身就是一次商业化运作，在活动之后要继续做好商业化运营，规范商业运营模式。场馆景区化运作一般需要考虑项目与活动结合的赢利点、赢利模式，并综合考虑项目和商业的后期融资和招商模式，后期商业运作模式设计的合理性是景区是否能够长期健康发展的保障。

8.加强旅游景区综合管理

奥林匹克公园作为公共区域，环保曾多次受到批评，并因此差点被摘牌，这也为其他景区敲响了警钟。因此，在场馆景区化改造、后期管理的过程中，必须向成功景区学习，做好综合管理，在以游客为中心的基础上，遵循低碳理念、注重环保，做好生态保养、安全保护、卫生检查等工作，合理引导游客文明游览。

9.3 宗教文化旅游景区创5A案例：乐山大佛

乐山大佛景区主要包括乐山大佛、灵宝塔、凌云禅院、海师洞、九曲一凌云栈道、巨型睡佛、东方佛都、佛国天堂、麻浩崖墓、乌尤山等，面积约8km²。1982年被评为首批国家级风景名胜区和全国重点文物保护单位，1996年被列入"世界文化与自然遗产"，2011年乐山大佛景区被国家旅游局评为国家5A级旅游景区。

9.3.1 乐山大佛创5A的成功秘诀

1.强化意识，整体联动

为了切实有效地完成景区5A创建工作，严格对照国家旅游局调整后的5A标准及创建申报程序，认真研究，逐项落实，制定了《峨眉山—乐山大佛风景名胜区乐山大佛景区创建国家"5A"级旅游区工作方案》，成立了主要领导担任指挥长的创建工作指挥部。下设宣传暨服务设施完善组、基础（游览）设施建设组、旅游安全组、环境面貌组、教育培训组、督查组6个工作组，将创建指标层层分解，落实到人，做到责任明确，重点突出，全面推进。同时，多次开会，强化创5A意识，要求景区上下必须充分认识创建工作的重要意义，冷静分析创建工作的优势和存在的问题，实现整体联动。

2.清晰完整地掌握标准

创建5A能否一举成功，关键在于要清楚标准，坚持按标准做事，高起点规划、高标准建设、高效益管理，全面推进景区旅游六要素的精品化、个性化、人性化建设。乐山大佛在创5A动员大会上要求，在创建过程中必须认真坚持标准，对照标准，在抓实、抓细、抓紧上下功夫。抓实，就是要严格对照标准，凡是标准有规定的，都要逐条逐项落实，真正做到不缺项、无漏项，不断加强查漏补缺工作，避免因缺项、漏项而扣分；抓细，就是要始终坚持以对游客的人文关怀为着眼点，从旅游环节和管理服务过程的细处着手，强化过程控制，提高日常管理服务质量标准的同时，努力做好创建工作中的每个细节，对照标准力求满分，严格按照"软件不扣分，硬伤少扣分，特色寻加分"的总体要求搞好创建；抓紧，就是严格按照时间表保质保量完成创建工作。

3.寻求国家旅游局和省旅游局的大力支持

乐山大佛在创5A初期阶段，多次邀请省旅游局领导和专家对景区进行检查评定，专家组在查阅创建资料、现场检查、听取汇报后，对乐山大佛景区创建国家5A级旅游景区工作给予高度评价，同时也提出了很多切实可行的意见和建议，为后期创5A验收成功打下了基础。乐山大佛创建组通过与检查组、专家组的深入沟通获得了省旅游局领导的大力支持。

另一方面，乐山大佛景区创5A也得到了灾后旅游恢复重建的政策支持。"5·12"汶川地震之后，四川旅游遭受了重创，而峨眉山—乐山大佛景区因远离震中，旅游资源和旅游设施基本未受损伤，灾后旅游人次恢复性增长居全省第一，并在很大程度上担当起全省旅游恢复重建的重任。同时，国家旅游局、四川省政府也先后出台了促进旅游业恢复振兴的重大计划和决策部署，在这种形势下，乐山大佛景创5A景区工作得到了国家旅游局和省旅游局的大力支持。

4.借鉴峨眉山的创5A经验

峨眉山景区2005年以总分第一的优异成绩被评定为首批国家级5A旅游

景区，为乐山大佛创建工作提供了难得的经验和榜样，这种优势在景区实施整合之后，在品牌效应、管理模式、创建理念、工作制度及迎检准备等方面表现更加突出和明显，为此次创建开辟了捷径。

5.旅游景区基础设施项目建设

2005年乐山大佛景区启动国家5A级旅游景区创建工作，不断完善景区的各项旅游服务功能和硬件基础配套设施，累计投资7亿元，新建了大佛博物馆、大佛剧院、游客中心、司导人员休息室、生态停车场等，完成了核心景区整治、景区内岷江东岸景观改造等重点旅游基础设施项目建设，加强景区生态环境保护（图9-11）。

图9-11　乐山大佛基础建设图

6.深入挖掘旅游景区文化内涵

为了进一步提升景区的品质，景区管理者深入挖掘景区文化内涵，凸显文化特点，将"东方佛都"的主题文化融入景区项目建设、景区标识系统和导览解说系统。

7.加强员工培训

在提升景区的服务质量，优化景区软环境方面，管理者不断建立和完善各项管理制度，非常注重对旅游从业人员的教育培训，提高景区人员的专业素质和服务意识，为游客营造良好的旅游环境。

9.3.2 宗教文化类旅游景区创5A操作要点

5A级景区的评定标准与4A级旅游景区相比,更加注重人性化和细节化,更能反映出游客对旅游景区的心理需求,突出以游客为中心,强调以人为本,这一点对于宗教文化类景区尤为重要。宗教文化类景区是以宗教建筑为载体而营造的景观环境,是社会群体信仰的精神象征,因此游客更加注重心理感受,这就要求这一类景区在提升的过程中更加关注人的需求。

1.与成熟同质旅游景区联合提升资源价值

资源价值是创5A的基础条件,因此提升景区的资源价值是实现创5A的关键突破口。宗教文化类景区在全国范围内比较多,存在多、乱、杂的现象,因此,对于想创A,尤其是创5A的景区来说,首先要在资源价值上实现突破。实现资源价值突破的途径主要有两种:一是与成熟同质景区联合提升。如乐山大佛通过把峨眉山—乐山大佛风景名胜区打造成"世界知名,国内一流,四川第一"的最佳旅游目的地,将乐山大佛与峨眉山进行捆绑,进一步提升景区管理服务水平和环境质量,提高景区旅游资源要素价值和市场价值。二是深入挖掘宗教文化内涵,主打宗教渊源文化,获得心理认同,提升影响力和知名度。如武当山深入挖掘道教文化,通过印象武当、文化武当、武术武当获得社会认同,树立品牌形象。

2.主题定位明确

宗教文化是这一类景区的文化核心和主题,但如何做好文化却是景区最难完成的内容之一。对于准5A级景区来说,深入挖掘宗教文化内涵,明确主题定位。如乐山大佛主打弥勒佛,挖掘建造神佛的传说和传奇故事,如建造佛像时的大佛传说,使乐山大佛成为百姓心中正义、刚直、保平安、祈福的象征。同时挖掘佛像的艺术价值——唐代摩崖造像的艺术精品、世界上最大的石刻弥勒佛坐像,这都为乐山大佛创5A奠定了文化基础。这说明宗教文化类景区在创5A的过程中更需要深度挖掘,提炼主题,明确定位。

3.营造整体和谐统一的宗教文化氛围

旅游景区市政工程和服务配套设施规划属于基础设施工程中的两个重要组成部分,其中,市政工程包括供水、排水、能源、交通、邮政电信、防灾六大专项，以及根据实际需要进行的防洪、环保、环卫等工程规划。便捷的基础设施是景区创5A检查的重点，所以加大基础设施建设是所有准5A级景的一个共同点，但宗教文化景区在基础设施建设过程中需要注意以下几点：

（1）将基础设施巧妙地与建筑、景观相结合，如乐山大佛的排水系统，不仅不会让游客觉得生硬，更让人觉得是一门艺术；

（2）景区公路改造、游步道、游客接待中心等建设构造要求与周围环境和谐统一，如采用宗教文化建筑形式或宗教文化标识体系，达到景区的整体协调性；

（3）增设宗教文化内涵主题景观，作为参拜、观赏、休憩、游览平台，但同时必须注意保护景区主题文化的统一性，切忌高、大、空、杂；

（4）主题文化造型景观化，在材质、造型、色彩、外观等方面与环境协调，与周边景观相互衬托。

4.加强人文关怀

宗教文化主要是为了满足游客的精神需求，给游客以心理暗示和心理慰藉，所以细节管理更加重要。如乐山大佛在创5A过程中就特别注重细节管理，加强人为关怀，实行人性化、个性化和超值化服务。

5.将宗教文化融入旅游景区标识系统

标识系统是创5A的一个重要组成部分，占49分，因此在创5A建设中，应尤其重视标识系统建设。标识系统如何融入文化一直是困扰众多景区的难题之一，但宗教文化景区在这一方面拥有自己独特的优势，可以充分发挥自身鲜明的文化特点在图案、外形、材质等方面设计独特的标志牌、导游全景图、导览图、景物介绍牌等，并根据主入口，主干道、次干道、道路交叉口、介绍景物的不同特色等进行变化。除此之外，在标识系统语言中通常是中英文对照，同时景区可以根据主要客源市场不同增添符合目标客源市场习惯的语言类别。

6.防止过度商业化

宗教文化景区是让游客精神、心理得到慰藉的地方，因此，在商业布局设置上要考虑游客的心理需求，对商业活动进行合理布局控制，提高从业人员的服务意识，禁止拉客、黑客现象发生，规范商业活动。

7.加强生态环境保护

很多宗教文化类景区都是处于生态环境较好的原始开发状态，因此应该注重加强生态环境保护，把良好的生态环境作为大自然的赏赐，切忌为了基础建设、景观建造而人为破坏，良好的生态环境会让评审专家自然融入景区，在保障生态环境部分不失分的同时，增加景区印象分。

另外，生态环境保护还包括加强生态和仿生态游步道，特色游步道的建设，将文化与自然相融合。

8.争取旅游局及宗教界领导的大力支持

争取上级领导的支持是每个创5A景区都应该做到的，但宗教文化景区在获得省市、国家旅游局支持的同时，还可以争取国家宗教局、宗教协会等机构的支持，这些都可能成为景区创5A的借势力量。

9.4　自然观光旅游景区创5A案例：西溪湿地

9.4.1　案例概况

自然资源是观光类景区的天然优势，在创建5A景区过程中，这类景区前期较为重视生态环境的保护，后期会着重提升设施与服务管理。西溪湿地2012年升级为5A景区，纵观其将近10年的建设和发展，经历了"综合保护—经营管理—品质提升"三个发展阶段。创5A对西溪湿地来说，既有资源禀赋的评定，也是对其经营管理工作的考验。

1.西溪湿地综合保护工程

西溪湿地综合保护工程由西湖区负责实施，2003年9月份正式启动。保护工程总体上分3期实施：第一期，核心区块的保护，主要在秋雪庵保护区及曲水庵保护区，面积约$2.33km^2$，实施时间为2003年11月至2005年5月；第二期，主要在花蒋路两侧的区块，实施时间为2005～2006年；第三期，主要在生态保护培育区及自然景观游览区区块，实施时间为2006～2007年（图9-12）。

图9-12 西溪湿地实施综合保护工程后的西溪秋韵 （贾宁 摄）

2.经营管理全面实施阶段

2007年二期有限开园、经营管理全面实施，标志着西溪湿地旅游区基础建设基本完成，景区保护发展正式起步；2009年，西溪湿地成功入选国际重要湿地名录，并成为国家4A级景区，景区知名度猛增，游客接待量猛涨，标志着景区结束了初步发展期，步入品质提升期。西溪湿地正是在此战略转型阶段踏上了创建国家5A级景区的征程。

3.品质提升阶段

西溪湿地经过对自身实力和创建工作的客观分析，为进一步加强生态保护，提升景区管理水平，完善旅游服务设施，提高游客满意度，自我施压，着手申报5A级景区，希望通过国家5A级旅游景区的创建，加速提升景区品质，提高景区知名度和美誉度，同时为全国湿地保护工作和湿地景区发展走出一条新路。

9.4.2 西溪湿地创5A经验总结

1.加大基础改建和数字化建设

2011年4月杭州西溪国家湿地公园通过了浙江省旅游局组织的国家5A级景区初检。在这次省级初检之后，西溪湿地进一步加大了创建国家5A级景区的工作力度。同年5月1日西溪湿地正式启用890m²周家村新游客中

图9-13　西溪湿地部分基础设施建设　（徐晓东　摄）

心，深潭口、河渚街区域候船廊、候车廊改造完成，参照星级厕所标准改造厕所19个，新增公用电话亭6个，移动基站2座（图9-13）。此外，投入近2000万开展了"数字化景区"项目建设，提升景区综合管理水平，实现客流、物流、资金流、信息流的合理高效运行。

2.西溪分院为旅游区提供全面培训

西溪湿地与省旅游学院合作成立"西溪分院"，开展5A专题培训，设置了礼仪、VIP客户接待等17项课程，共计培训员工1900多人次。通过举办导游讲解、餐饮服务员技能等多项技能大赛，提高员工专业技能水平和服务能力。在全面完成园区员工培训的基础上，特邀工商、物价、质监等单位的资深工作人员，对入驻的商户进行授课培训，提升湿地整体服务水平。此外，西溪湿地还招募了一支志愿者队伍"西溪小柿子"，向游客提供各类服务，被杭州市团委评为"城市志愿服务微笑亭"。通过种种努力，西溪湿地旅游区一线服务员工和管理干部的综合素质有效提升，赢得了领导和游客的一致好评，2010年获得浙江省"最佳旅游目的地"、杭州市"游客满意服务企业"荣誉称号。

3.巧设文化旅游亮点

西溪湿地旅游区有着文化湿地的称誉，千百年来古代文人墨客在此游历隐居，徐志摩、郁达夫、康有为等人因其流连忘返。独具一格的庵堂文化，世代居民的生息繁衍，都为西溪湿地旅游区攒下深厚的人文积淀。文化与旅游如何充分结合也成为西溪湿地创5A的重要工作内容。如以《红楼梦》和水浒文化为重点，邀请著名红学名家编撰《游西溪探大观指南》，开辟红学景点、游线；利用水浒与西溪的文化研究成果设置了水浒文化展示点。此外，龙舟文化、花朝文化、西溪船拳、西溪越剧等非物质文化遗产也在旅游开发中大放异彩（图9-14）。

图9-14　西溪湿地做足文化旅游　（徐晓东　摄）

4.细化管理制度

良好的环境和优质的员工为景区创5A打下坚实基础，也对景区管理者提出了更高要求。对此，西溪湿地旅游区拉高标杆、注重细节、大胆创新，建立健全了5大类30余项管理制度体系，使公司每个岗位的工作标准和流程更加明确，也使得管理更加规范、科学。

5.引入智慧旅游

2011年景区投入2500多万元与中国移动杭州分公司联手打造集三维实景系统、设施维护管理系统、设备远程管控系统等九大系统及景区自助导游等游客自助信息化服务于一体的数字化景区综合管控平台，利用信息化手段全面提升景区的综合管理水平，为景区添上一抹"智慧旅游"的色彩。

当然，"智慧旅游"不只是面向游客，景区也从内部进行全面改良，建设了全覆盖的无线GPRS网络，对重点设施进行视频监控，通过无线网络传输到综合管控平台实现实时监测，远程控制，显著提高景区的综合管控水平。园内的三维综合实景、设施维护管理、综合设备远程管控、车船定位调度、综合门禁管理、安保人员定位调度系统、智能车位诱导系统、人流统计等系统也都建成，现有的人工管理正迅速转型为规范化、模式化、智能化的管理。

6.以节促旅塑造品牌形象

俗话说"酒香也要勤吆喝"，西溪湿地旅游区已拥有众多知名旅游品牌，但仍一如既往地重视品牌推广和旅游宣传（图9-15）。

两年来西溪湿地举办了探梅节、龙舟节、火柿节、听芦节四大节庆活动，2011年还举办了西湖区元宵灯会，改变了杭州元宵节东热西冷的局面，首届杭州西溪花朝节也成为杭城目前最大的单向性旅游节庆，产品活

图9-15 西溪湿地利用影视剧《非诚勿扰》进行宣传 （徐晓东 摄）

动推陈出新，节庆前、中、后的宣传推广愈加强势，实现"月月有亮点、季季有活动"。

7.多渠道拓展客源市场

在开发国内游客市场方面，西溪湿地旅游区加大与各旅行社的合作力度，努力开拓新的客源市场，目前已与3700家单位和旅行社签订了合作协议，初步建立起覆盖全国的营销网络，确保了客源渠道的稳定畅通；针对国际旅游市场，加强与海内外商务旅行社的合作，进一步拓展港澳台、东南亚等市场，并积极利用政府旅游推介平台和契机，扩大境外特别是欧美发达国家的营销渠道。

9.5 主题公园旅游景区创5A案例：环球恐龙城

2010年4月18日，国家旅游局在扬州为环球恐龙城颁发5A级旅游景区牌匾，由中华恐龙园、恐龙谷温泉、恐龙城大剧场、香树湾高尔夫会所、迪诺水镇等旅游景点共同组成的环球恐龙城景区正式步入国家5A级景区的行列，这是常州市首家5A级旅游景区，也是江苏省首家跻身5A的文化创意类主题景区。

9.5.1 项目概况

环球恐龙城位于江苏省常州新区的现代旅游休闲区内，是常州恐龙园股份有限公司打造的华东旅游新地标。整个项目占地100hm²，自2000年9月中华恐龙园正式开园以来，成为科普性与游乐性相融合的旅游目的地。

环球恐龙城打破了传统的景区概念，融合旅游、休闲、商贸、文化、居住等多项功能，把旅游休闲分散到每个角落，涵盖了主题公园、文化演艺、温泉休闲、游憩商业及动漫创意等业态，将恐龙文化与旅游休闲、科普知识及特色文化相结合，打造了一个配套完善、个性鲜明的旅居结合的大型旅游休闲社区。

环球恐龙城景区以中华恐龙园为核心，配套休闲温泉、演艺、养生等产业，形成较为完善的产业链，创造性地提出了主题公园"5+2"发展模

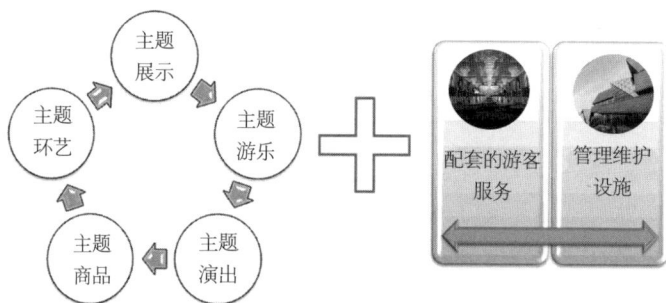

图9-16 科普与娱乐联姻的"5+2"发展模式

式（图9-16），主体项目具体构成见表9-3。

环球恐龙城项目板块构成表 表9-3

功能板块	开放时间	简介	子项目构成
中华恐龙园	2000	恐龙文化主题乐园	建有中华恐龙馆、欢乐街、库克苏克峡谷城、鲁布拉、嘻哈恐龙城、雨林冒险
恐龙谷温泉	2009	温泉旅游和养生度假胜地	会议中心、顶级餐饮会所、温泉定食餐厅、SPA芳疗美体康娱
香树湾花园酒店	2000	泰式风格为主的，结合异域文化及高尔夫等度假元素为一体的休闲度假酒店	迷你9洞高尔夫球场、国标网球场、桌球室、精品餐饮、书画拍卖
新北中心公园	2007	以"爱"为主题，引进了星巴克咖啡等品牌商家的时尚消费和生态休闲的新天地	健身广场、情趣屋顶花园、星语心愿、休闲街、宴会厅等20多个游览点
恐龙城大剧院	2011	独具特色的"树立方"建筑，能容纳1100多人观众，独创音乐歌舞剧《美丽新世界》	能满足大型歌舞剧、喜剧、魔术等各种演出需要
三河三园亲水之旅	2010	串联沿途原本散落的人文资源和旅游景观，呈现全新的水上风景线	全长18km，南起东坡公园，北至中华恐龙园，构成"两极、四段、十八景、二十桥"的独特游历空间
时光城	2012	打造华东优秀商业区	包括总部经济区、SOHO商务区、酒店公寓、大型购物中心等项目

续表

功能板块	开放时间	简介	子项目构成
养生天地	2012	打造常州及周边城市市民养生需求的首选之处	包括温泉度假中心、恐龙城大剧场、银发公寓、高尚住宅、养生地产等项目
迪诺水镇	2014	以商业地产的销售和租赁为主要赢利模式的敞开式游憩性商业街市	重点建筑有IMAX巨幕影院、动漫交易会永久会址、大型室内电玩公园、主题酒店，大型品牌餐饮、道格拉斯名品购物村等

9.5.2 环球恐龙城创5A提升要点

1.创建工作组

国家旅游局刚公布创建5A景区的消息，中华恐龙园第一时间就表达了争创5A的想法。为确保创建工作有序进行，由常州市副市长牵头成立了中华恐龙园创建国家5A级旅游景区领导小组，其成员涵盖了新北区、市环保局、市建设局、市交通局、市城管局、市旅游局、龙城旅游控股集团等各相关单位领导，并下设创建办公室，负责日常创建工作的综合协调和推进。

2.全员合力创5A

环球恐龙城编印了《创建国家5A级景区知识问答50题》下发给公司每个员工，并分批对全体员工进行创建知识培训，利用公司内刊《中华恐龙园》开辟专栏进行创建工作宣传，使景区上下凝结成升级合力。工作中强调"准、细、实、和"的创建方针，"准"就是对5A要求的理解和转化成的措施要准确，并符合实际需要；"细"就是对整改要求和内容要逐条逐点细化；"实"就是指各项措施要落实到人、到点，明确时间进度；"和"就是各责任中心之间要和睦、和谐，相互配合，避免工作之间虚假推诿。

3.争取各级旅游局支持

为了确保创建工作不偏离5A准则，使创建工作得以高质、高效开展，环球恐龙城积极寻求各级旅游局领导的支持和指导。多次邀请国家旅游局、江苏省旅游局以及常州市旅游局等相关领导到恐龙园现场调研，召开"中华恐龙园创建国家5A级旅游景区工作协调会"，认真听取各方面的意见和建议，取得了各级领导的支持和规划局、建设局等相关部门的积极配合。

4.重点工程攻关

为进一步拓展创建景区的核心品质，真正实现从景点到旅游目的地的转变，在景区硬环境建设过程中，环球恐龙城对应5A要求，灵活运用"加减法"，拆、建、修结合，先后实施了交通、安全、卫生等方面硬环境优化。新建了总面积160m²的游客中心和总面积达6万多平方米大型生态停车楼，增添了多个旅游区餐饮和购物设施，数十条恐龙雕塑和造型，在各旅游节点间新种植各类树木数千株，还进行了旧停车场的生态改造，标识系统更新完善等多项工程。通过对全园厕所的规划及重建，厕所面积、厕位比原来扩大4倍，最大限度满足旅游旺季游客需求。

5.特色标准化服务成为行业标杆

环球恐龙城拥有一整套适合自己的服务规范，推行每日值班经理制度，建立和完善旅游投诉和救援体系，大大提高了安全救援队伍和员工的应急水平；制定并推广景区形象标识，设计服务游客的专用特色语言和特色手势，规定员工的站姿、蹲姿、走姿；组织人员认真编写内容翔实、文采出众、内涵深厚的园区导游词，推出中、英、日、法四国语言的导游服务；此外，还根据各工种岗位要求，设计制作了美观有主题特色的员工服饰。基于此，环球恐龙城成功成为《中国主题公园服务规范》的编制者。

6.智慧化服务带来高满意度

在规范化的基础上，考虑到游客的多种需求，各处设计和服务细节化、体贴化。如在游客中心配备专职工作人员，为游客提供咨询导游讲解、游线游程介绍、导览宣传资料、免费饮用净水、轮椅童车租用等二十多项贴心服务；设置LED显示屏，滚动字幕循环介绍当日园区活动节目预告以及阶段活动预告，帮助游客合理安排游览活动；构建现代化信息网络和数字服务体系，实现游客网上订票、购买特色纪念品、预定住宿、餐饮、导游、观光车辆、团队等服务，近年来恐龙园网站的访问人次已接近

700万。规范化的景区管理和以游客需求为导向的人性化服务为景区赢得了良好的口碑,游客投诉率低于十万分之一,游客抱怨、投诉的受理满意率达到100%。

7.立体营销,打响品牌

集团对旗下的"中华恐龙园"、"龙城旅行社"、"龙汤温泉"等资源进行整合,形成系统产业链。结合本身的年度营销规划,对具体单个目标进行明确的规划指示:各个团队及全年各个阶段的主题活动配以不同的营销手段。成立了恐龙园文化创意公司,在恐龙文化的无限创意下,确立恐龙园动漫形象,投拍动画片,第一季52集《恐龙宝贝之龙神勇士》已在央视及全国数百家电视台播出,让中华恐龙园的动画片和品牌形象迅速在全国落地开花。环球恐龙城,还随之开展以四款卡通形象为核心的具有自主知识产权的特色衍生商品开发,迄今为止,已开发商品近千件。

9.5.3 主题公园类旅游景区创5A操作要点

1989年随着锦绣中华的成功,主题公园逐渐成为我国旅游的一种重要形式,但随着市场竞争加剧,避免重复性建设,各主题公园也都在积极寻求符合自身的升级之路。通过以上对常州环球恐龙城成功创建5A景区案例的分析,主题公园类在创建5A中除秉承因地制宜原则以外,还要注意以下几个方面。

1.与文化联姻打造产品

首先,公园主题将文化贯穿全园,形成核心旅游产品建设,小到一草一木,每个景观带都要有与主题相关的造型点缀,凸显景区的文化主题,增强游客的体验度和参与度,达到景区协调、统一的大氛围。独特的旅游文化是主题公园的灵魂,缺乏了独有的文化神韵,主题公园很容易使人失去兴趣。因此,该类旅游资源必须从旅游活动中寻找文化特色,在旅游诸要素的碰撞中创建文化品牌,突出文化特征,并将文化与娱乐休闲、演艺活动、景观创意相结合,提高景区的商业感召力和市场竞争力。

2.与影视联姻促产品提升

国内很多主题公园在巨额投入之后,短时间内引起轰动又快速老化走向衰落，缺乏新鲜的内容和主题活动是其生命周期短的一个重要原因。总结环球恐龙城的发展之路，最为显著的特点就是不断创造新鲜主题、内容，让景区始终保持创新的活力，在逐步完善产业的同时，内容创意也向高层次稳步发展。如"以节造势"，每年10多次形式不同、内容各异又极具吸引力的主题活动，制造全年不断的游客小高潮。创造的恐龙宝贝卡通形象以及量身定做的动画片《恐龙宝贝之龙神勇士》，通过景区与影视作品的链接，互相助力聚集粉丝和人气，取得了良好的效果。深入挖掘主题、创新独特的主题是主题公园发展的出发点和立足点，所有主题公园要实现持续经营都需要不断创造、借鉴和学习。

3.产品差异化优势互补

5A旅游景区对于景区规模和游客数量的要求，加速了景区由旅游景点到综合性休闲度假旅游区的转型，也对景区产业的规划和配置提出了更高的要求。从规划层面上看，景区扩容需要按照景区内不同片区的资源特色、开发强度和产业基础，设计特色产业，规范旅游业态。发展中既要考虑到产业的优势互补，又要兼顾本地市场和外地市场，保证整个产业链的长期健康的发展。同时，旅游项目受季节影响往往会有明显的淡旺季之分，在项目的设置上要做到不同季节都有明星项目以保证整体项目互补。如环球恐龙城中，恐龙谷温泉和中华恐龙园之间在功能上就形成了良好的互补：冬季是恐龙谷温泉的传统旺季，对应的是恐龙园的传统淡季，反过来夏天是温泉的淡季却是恐龙园的旺季。冬季恐龙谷温泉的游客往往会顺便到恐龙园游玩，夏天则恰好相反。

4.保持高质量生态环境

与资源得天独厚的自然景观类景区相比，主题公园的生态环境不占优势，随着当前人们对生态环境的关注度越来越高，主题公园作为现代旅游景观，也必须加大生态环境营造。如景区绿化，各节点之间的连接道路，增加各类树木和乔灌木培育；景区所有娱乐、休憩设施美观化，各类服务设施与环境协调一致，突出景区主题特色。

9.6 文化创意旅游景区创5A案例：景德镇古窑民俗博览区

景德镇被称为"世界瓷都"，陶瓷历史文化名扬天下，是中国发展陶瓷文化旅游的中心，也是在世界范围内发展陶瓷文化旅游的一张王牌。厚重的历史文化底蕴，精美的陶瓷工艺，成熟的陶瓷生产产业，使得瓷都文化旅游完全具有5A景区的条件和资源。

9.6.1 功能分区主题鲜明

景德镇古窑民俗博览区位于景德镇西市区枫树山蟠龙岗，是集文化博览、陶瓷体验、娱乐休闲为一体的文化旅游景区。景区被国内外专家和陶瓷爱好者称为活的陶瓷博物馆，获得国家级文化产业示范基地、国家级非物质文化遗产生产性保护示范基地等多项荣誉。

历代古窑展示区由古代制瓷作坊、世界上最古老制瓷生产作业线、清代镇窑、明代葫芦窑、元代馒头窑、宋代龙窑、风火仙师庙、瓷行等景点组成，向人们展示了古代瓷业建筑，明清时期景德镇手工制瓷的工艺过程以及传统的名瓷精品；陶瓷民俗展示区则是以12栋明、清时期古建筑群为中心的园林式博物馆，内有陶瓷民俗陈列、天后宫、瓷碑长廊、水上舞台瓷乐演奏等景观；水岸前街创意休憩区是由昌南问瓷、昌南码头、耕且陶焉、前街今生、木瓷前缘等组成的瓷文化创意休闲景观。景区内综合各种古代瓷业建筑、民俗展示和现代陶瓷创意景观等，动静结合地展示着瓷都历史文化的博大精深，吸引游客共同探索中国千年陶瓷文化的脉络。

9.6.2 景德镇古窑民俗博览区创5A提升重点

1.部门责任状推进创建力度

古窑民俗博览区对照国家旅游局创建5A标准，对软件、硬件全面展开综合检查自查，找出不足，对照标准逐项整改。景区创建了5A领导工作组及办公室，与全体员工和合作经营户签订了"创5A"部门责任状，组织全体员工学习创5A的知识，同时还组织人员到优秀的国家5A级景区学习创建经验，邀请专家举办创5A景区培训讲座，聘请规划公司对景区进行实地考察出谋划策，为5A创建工作打下了坚实的基础。

2.文化与旅游成功嫁接

景区将2012年定为"创建5A级旅游景区年"，投资2个亿积极创建国家5A级旅游景区。同时，景德镇古窑民俗博览以创建国家5A级旅游景区为契机，把旅游产业与陶瓷文化创意产业相结合，深入挖掘千年瓷都的历史文化，创建陶瓷创意、制作陶艺研修等旅游示范基地，加强文化与旅游嫁接（图9-17）。文化与旅游、文物保护和利用与旅游产业相互融合。古窑民俗博览区在5A级旅游景区创建中完成了文化梳理、继承和产业拓展。

图9-17　古窑文化与旅游演艺相结合

3.硬件建设生态化

2011年以来，景德镇古窑民俗博览区根据全国旅游景区质量等级评定标准，积极完善景区各项设施和规章制度，全面提升景区的硬件和软件质量。在硬件建设方面，景区依托良好的生态环境和厚重的人文历史，坚持走"保护性、生态化"之路，使各个项目与环境相协调，与文化相融合。其中，窑亦瓷艺术大门、访窑古道、古窑柴路、游客服务中心配套房，规范的中英文标识牌、便捷的无障碍通道、整洁美观的旅游公厕等，无不体现出景区的生态化建设。古窑民俗博览区新建了具有陶瓷文化特色的外园区和内园区游步道，6000m²的大型生态停车场（图9-18）。

图9-18 景德镇古窑民俗博览区生态化建园效果展示

4.软件提升标准化

景区贯彻执行"人本为先"的理念，从细节出发杜绝"减分项"，推进景区软件建设。在软件提升方面，全面推行服务质量标准化，对重点岗位工作人员、导游、司乘人员等进行旅游服务标准化培训，提高服务技能。如按照三星级标准改造的旅游公厕和几十块中、英、日文标识牌，使其成为景区的一道亮丽风景线。

5.旅游景区环境整治

重视景区及周边环境卫生整治，拆除、清理周边荒地面积6000多平方米，按5A景区总体规划的内容种上树林和竹子，消除景区与周边环境中的不和谐音符，为游客营造和谐优美的旅游环境。

6.景观设计彰显陶瓷文化特色

在景区改造升级过程中，古窑民俗博览区在保持与景区自然景观相融合的基础上，将"以瓷为本"的理念贯穿于景区项目建设的始末，坚持"集陶瓷文化大成、保护生态"的创建原则。如瓷海、昌南问瓷、瓷心茶味、三间庙码头等体现了千年陶瓷文化特色，可以说大至窑房，小至片瓦，甚至垃圾桶，都以瓷装扮，处处体现着深厚的陶瓷文化底蕴和特色。2009年10月在景德镇古窑民俗博览区成功举行了清代镇窑复烧，此后，明代葫芦窑、元代馒头窑、宋代龙窑相继成功复烧，使瓷窑成为瓷都文化的

图9-19　古窑文化与旅游嫁接

"活态传承"载体。首次清代镇窑的复烧，更被列入吉尼斯世界纪录，成为景区面向世界的一张有分量的宣传名片（图9-19）。

9.6.3　文化创意类旅游景区创5A实操

1.多途径文化活化

文化创意类景区是在文化、工艺以及艺术等本身强大吸引力的基础上，进行文化创意和演绎，因此传统文化、工艺以及艺术的活化，在景区建设以及升级中占有举足轻重的地位。"文化活化"要基于景区本身的资源，注重对其文化性、可参与性、互动性和体验性的打造，通过景观活化、建筑活化、节事活化、演艺活化、空间活化和商品活化等多种途径，实现文化旅游产品实体化，营造景区文化氛围（图9-20）。

2.文化、艺术活态传承

观光类旅游景区的体验性缺乏一直为从业者诟病，相比较，文化创意景区较好的文化产业化条件成为其一大优势。文化创意景区通过创意产业化，实现对文化的活态传承，使传统文化立体呈现在人们面前。景德镇古窑民俗博览区就是通过一系列的古窑复燃，将窑系文化与景德镇的千年窑

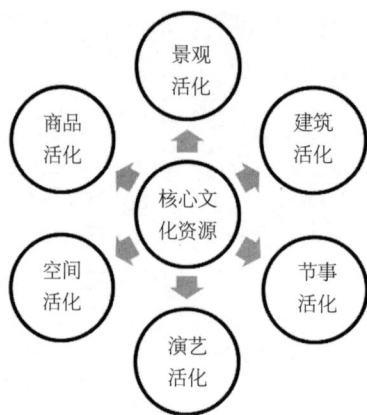

图9-20 常见文化活化途径

火紧密相连，促进人们对景德镇陶瓷发展史的认知，为古窑民俗博览区创5A提供了文化保障。

3.实现文化聚焦

在交通、游览、卫生、安全、环境等各种配套服务设施在5A达标的基础上，提升文化内涵，主题鲜明。规划中，通过景区的实物景观载体将文化与环境有机融合，通过风貌、商品、服务进行景区的全息化演绎，实现文化聚焦。在游憩项目设计中注重文脉传承，从整体空间布局到垃圾桶、指示牌等细节都到与文化底蕴、环境氛围相融合，实现以景区传承文化，以文化带动景区的发展格局。

4.合理布局产业

文化创意类旅游景区的重要游览景点在结合休闲娱乐设施的基础上，围绕园区的核心产业分设文化产业，并划分为展示、交流、交易、体验、游乐、修学等功能区，主次分明，脉络清晰，网络连接互动性强，整体结合紧密（图9-21）。

5.创意性商业业态设计

基于项目本身的文化、艺术、建筑等资源，面向市场，用创意激活传统，营造旅游氛围。在吸引物的打造上，将博物馆与休闲博览园相结合，在传统文化传承上融入成功的商业运营模式，最终实现景区多端赢利。破

图9-21　文化创意类景区功能板块图

解文化创意与商业和产业的悖论，在政府、商业资本、产业生产、艺术家和旅游者的博弈中寻求平衡，针对市场，增强文化的大众化和产业化，使艺术的表现形式更加时尚。当前文化创意类景区主要的商业业态表现形式有：从事艺术、文物交易的艺廊，文化艺术展示的博物馆，创意产品的艺术街，集居住及商业于一体的旅游地产等（表9-4）。

文化创意类景区商业化开发模式

表9-4

模式	特点	常见商业业态	关键点
传统文化资源+新兴创意产业	基于项目地本身的传统文化资源，文化再利用带动景区发展	博物馆、会展博览	注重核心吸引物的建设，全产业链打造
艺术驱动+商业业态	艺术家入住，为区域注入人文活力与增值潜力，以多元化艺术表现形式集聚客流	艺廊、博物馆、酒吧、家具装饰、购物街、居住地产、商业地产	开发面向市场的艺术商品，促成艺术的商业转化
特色创意建筑+创意商业	以特色建筑景观或景观群为切入点，营造旅游氛围，建筑作为景观实体，兼备居住、度假和办公等功能	工作室、建筑事务所、艺廊、家具设计公司、时尚设计、会议会展服务、专业咨询、特色餐饮、特色娱乐	通常适用于目的地旅游资源相对缺乏或工业遗产旅游

6.优势品牌战略整合

鉴于此类景区常与相关产业相伴产生，在品牌打造和文化品牌战略制定的过程中，可与创意、研发和生产企业联手打造品牌形象。文化品级较高，区域代表性较强的景区，与区域文化捆绑宣传，增大影响力。古窑民俗博览区就与观复博物馆实施了全面品牌战略，从"古窑印象"商业连锁和"镇窑"陶瓷生产形象代言，再到"古窑印象"陶瓷文化主题馆，打造了国际知名的陶瓷连锁专卖品牌，将窑系文化与景德镇的瓷都文化融合，以瓷都文化推动景区发展，也将景区塑造成了瓷都最好的文化代言品牌。

9.7 休闲度假旅游景区创5A案例：观澜湖

观澜湖休闲旅游度假区早在2001年就已经被国家旅游局评定为首批4A级旅游景区，2009年初开始创建5A级旅游景区，2011年5月13日被正式评定为国家5A级旅游景区。观澜湖在倡导中国新兴旅游休闲的路途上走过了20年，为海内外宾客呈现了全球独有的世界第一大高尔夫球会，独具特色的国际级综合休闲度假区。

9.7.1 观澜湖景区介绍

观澜湖休闲旅游度假区由骏豪集团全资投资兴建和运营管理，开发时尚运动、商务休闲、健康养生、会议会展、文化娱乐、美食购物、长居短憩7大功能，形成横跨深圳、东莞、海口三地的国际休闲旅游度假区。观澜湖以高尔夫休闲度假为核心，旅游产品包括：高尔夫及户外有氧运动为主题的运动休闲；以养生SPA为主题的养生休闲；以商务会议和商务旅游为主题的商务休闲；以国际赛事为主导的赛事旅游等。主要项目和配套设施包括：12个高尔夫巨星设计的球场，高尔夫别墅群，亚洲第一大乡村俱乐部，观澜湖水疗度假酒店，国际会议中心，大卫利百特高尔夫学院和辛迪瑞学院，亚洲第一大水疗中心，51个网球场，特色荟萃的中西美食以及多种运动、餐饮、文娱、游乐设施。

9.7.2 观澜湖创5A提升要点

1.争取政府支持

观澜湖从2009年初开始创建到2011年5月正式挂牌5A级旅游景区，期间全国旅游景区质量等级评定委员会多次进行实地考察，对观澜湖的服务质量和环境质量、景观质量进行评鉴。深圳市文体旅游局在广州长隆学习亚运会举办经验时决定，要加大深圳景区的冲A力度，并从政策、经济方面等给有望升A的景区一定的倾斜，借助政府东风，加强与政府间的亲密互动，为观澜湖的顺利升级提供了良好的大环境。

2.聚焦高尔夫社交平台

观澜湖位于国际商务人士和投资者最集中的珠三角，在中国不断加强与国际社会全方位交流合作的今天，观澜湖以国际通行的"高尔夫商业社交语言"聚集了一批高尔夫爱好者和社会精英，打造国际体育、文化、经贸交流的国际平台，成为广东省对外商务交流和休闲旅游的一张特殊"名片"。

3.制定系统营销策略

观澜湖在体育休闲游品牌宣传的基础上，以国际赛事旅游为亮点，通过逾百次的高尔夫、网球、桌球和自行车等国际赛事，使观澜湖品牌深入人心。借助经贸、体育、文化交流活动和众多的国际名流，搭建了享誉国内外的高尔夫国际交流平台。景区升级期间，通过一系列活动，如"高球界5.12关爱行动"、第55届高尔夫世界杯、观澜湖世界职业明星邀请赛、首届两岸企业家高尔夫球邀请赛、观澜湖青少年系列赛等，进一步提升景区的品牌内涵，强化景区核心资源的吸引力和市场影响力，为5A级景区创建提供品牌保证。

9.7.3 休闲度假类旅游景区创5A要点

观澜湖休闲旅游度假区从2009年到2011年，耗时2年时间，成为国内首个以体育休闲为特色的5A级景区。在我国旅游业积极寻求数量规模向质量效益转变，旅游产品从观光向度假休闲转型的新时期，为其他景区的资源转化、项目设置、品牌塑造树立了榜样。

1.增强核心景观质量

在5A景区评价标准中，通过"细则二景观质量评分细则"是其他两个细则考察的前提，景区的景观质量对创5A具有一票否决权。休闲度假型景区景观资源在稀缺性和历史文化科学价值方面，相对优势较弱，面对5A级旅游景区达到90分的高要求，景区必须在其他几个二类指标中做到零失分，也就是要有世界级的知名度，资源规模大，丰度高，观赏游憩价值高。在核心景观创建的过程中要充分结合市场，提高景观的核心价值和独特性，在市场细分中寻求差异化发展。

2.休闲产品策划——环境渗透

休闲度假区的资源，无论是海洋、内湖、山地、滑雪地、森林、温泉、草原，还是乡村田园、传统聚落、主题运动、主题娱乐、人文活动，都更强调其整体性、较高的承载力和可参与性、稳定性、可反复消费性。因此，休闲度假在景区升级创5A中，不能拘泥于传统景区的升级模式，而是要把旅游休闲的功能分散到每个角落，融合到文化展示、居住等不同功能区内。主题的表达需要环境来承载，所以由建筑、地形、水系、植物、构筑物、创意景观等共同构成的度假生活环境必须实现主题化、场景化、体验化、细致化、精品化，让每一个细节都契合度假区的休闲氛围。

3.休闲产品设计——社区联动

度假旅游的主要目的是让游客住下来，并舒适、放松、健康、愉悦地生活，要求景区在产品设计中除了要将地方特色展示出来之外，更要将这种体验承载完善起来，将当地的文脉、地脉和景区的休闲娱乐服务相融合。游客的需求是方方面面的，差异大，个性强，所以需要度假区在资源整合、线路整合、服务整合、特色产品整合等方面加大力度，增强联动效应和区域发展带动效应。度假区一方面需要在生活环境营造、日常供给品的供应、周边旅游景点捆绑方面与区域联合，同时度假区的发展还为区域旅游带来了巨大客源市场和强大的消费能力，因此度假区与周边区域具有联动作用，社区协调成为其成功建设运营的一项重要内容。

4.人性化服务是核心竞争力

数量充足、类型丰富、特色鲜明的设施和休闲体验活动是度假区建设的重点，也是留住游客的核心支撑，是构建游客度假生活的主要条件。因此，度假区服务要在符合5A标准的基础上，更多地实现人性化，让游客在这里感觉到安全、放松、被尊重、被感动，有意愿重复前来，让人性化服务是真正成为其升5A的重要优势。

5.创新营销模式

通过观澜湖的营销案例，发现媒体是旅游宣传的第一推动力，各景区一定要通过主流媒体，抓住自身的引爆点，宣传优势和特色，巧妙地进行话题策划和宣传。同时，制定市场细分计划，新兴市场、成熟市场、本地市场采取不同的应对策略，维持和拓展客源市场。实行互动订单锁定，一对一聚焦互动，针对性的旅行社优惠政策和奖励措施，刺激客源的稳定增长（图9-22）。

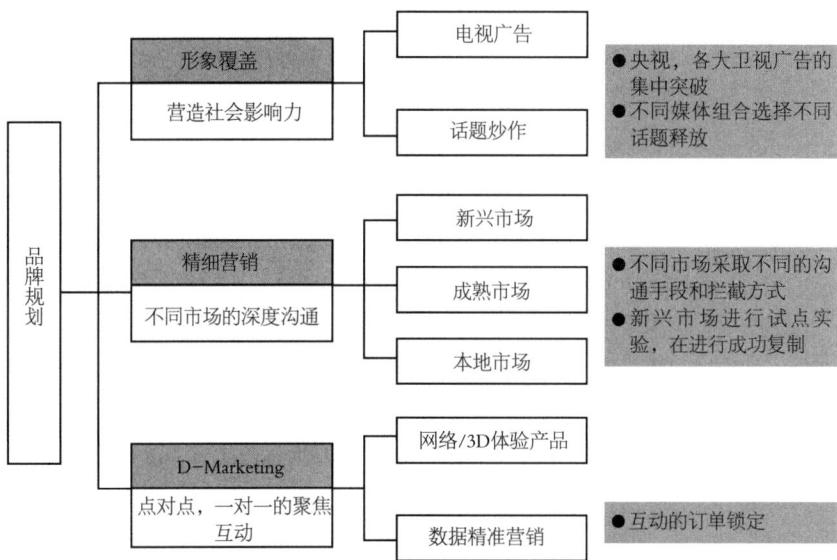

图9-22　景区品牌传播规划路径

9.8 创意农业旅游景区创5A案例：雁南飞茶田风景区

雁南飞茶田景区由广东宝丽华集团有限公司于1995年春投资开发，

总占地面积6.67km²，1997年正式开业，2001年成为国家4A级旅游景区，2006年启动创5A工作，2011年正式成为国家5A级旅游景区。

9.8.1 雁南飞景区提升重点

1.细节品质创建品牌

雁南飞茶田景区在建设过程中非常注重细节完善，从建筑、产品到每一个细节都要求达到精致。管理者会突击检查冰箱，看是否有不新鲜的肉菜，因为在雁南飞的客家菜看中，肉类和蔬菜的采购永远都要"新鲜"，隔夜或过餐的食品绝对不会出现在冰柜里，更不会出现在围龙食府的餐桌上；在卫生方面，要求在雁南飞的每一个角落，任何游客都可以伸出手指，往窗台上、桌椅上、楼梯扶手处，甚至是洗手间墙壁上抹拭，达到一尘不染。另外景区内悬挂的红灯笼上的"茶"字字体，是几经斟酌才最后敲定的，大气而舒展；围龙食府灯罩的形状和用料，恰到好处。

2.生态建筑营造人间仙境

雁南飞立足自然，大力丰富中国传统文化中的"和文化"——人与自然和谐的内涵，满足人们回归自然的心理需求，把人工建筑和自然生态完美结合，创造出让都市人放飞心情的"人间仙境"。在雁南飞，小到每件物品的摆放，大到园林绿化、建筑外观等都从细节出发，精心考虑人性化设置。从雁南飞体现的"黄土不露天"，"洗手间也要体现有文化"，"小处也要出精品"等做法，体会雁南飞永远营造完美环境的意识。2004年雁南飞围龙大酒店还获得了全国建筑工程最高奖——中国建筑工程鲁班奖。

3.科技化建设

在硬件建设上，该景区先后投入1.2亿元资金，在资源开发、功能布局、游览项目和功能设施等方面进行完善，新建了3500m²游客服务中心，1.5万m²的生态停车场。在创建国家5A级旅游景区的过程中，雁南飞除了大手笔优化硬件环境，投入上亿元资金，对游览项目和功能设施等方面进行完善以外，还注重科技化建设。增设了智能电子门禁系统，增加了数字虚拟景区，开通了网民与景区的互动交流平台等。

4.服务更具人情味

将现代化的服务标准融合山村气息，为游客提供宾至如归的服务，这是雁南飞在管理上孜孜以求的一种境界。雁南飞创造了一套独特的企业礼仪，倡导员工微笑服务，它赋予企业浓厚的"人情味"，对培育企业精神和塑造企业形象起到了潜移默化的作用。游客从进入雁南飞茶田景区大门开始，一路都有一身红装、温文尔雅的迎宾礼仪小姐微笑致意，让游客如沐春风；进入茶艺馆前的停车场，一下车又会有一身红装的迎宾礼仪小姐为你打伞遮阳挡雨——把保安队变成礼仪队，这是雁南飞的一个"首创"，也是雁南飞在服务上的一大"亮点"。

在雁南飞茶艺馆，游客可以任意免费品尝各种香茗，领略高品位的茶艺；在别墅，热气腾腾的夜宵随点随到，多年来，雁南飞把"外来导游模式"变为景区内提供"免费景区导游"模式等，无不体现雁南飞精致服务的管理理念。

5."文化艺术之旅"产品设计

雁南飞把旅游上升为"文化艺术之旅"，无论是栽花、种果、建房、造园等，处处融入文化。在雁南飞，山不仅仅是山，水不仅仅是水，花不仅仅是花，房子也不仅仅是一种建筑，而是以文化渲染的宁静与张扬，使游客产生心灵上的共鸣。客家文化、建筑文化、饮食文化、格言文化、茶文化、企业文化……可以说，文化已渗透至雁南飞的每一个角落。

（1）客家围龙建筑文化鲜明。雁南飞围龙大酒店采用围龙屋的半圆形建筑结构，通过美食长廊与传统土围楼结构的围龙食府相连，匠心独运，将生态与文化相结合，主要表现在竹、木、圆三个方面。建筑架构和装修多用竹木这些原生态的材料，环保又实用；圆则是客家围龙屋建筑的主要特点。如围龙食府的圆顶，由99999根竹子构成。

（2）茶文化主题特色。雁南飞通过茶叶的标准化种植，从茶园观赏、茶叶加工到品茶，以及有关茶叶的楹联诗词等，充分体现茶文化的主题特色。严格的管理和标准化的生产技术，使雁南飞研制开发的系列茗茶，香气清高幽深，滋味鲜爽，成为茶中珍品。景区内造型各异的茶壶雕塑，不仅配以大量咏茶的古诗词，而且流出潺潺溪水，将人造景观与传统文化结合得紧密自然。

（3）格言文化独具魅力。从走廊到洗手间、从大厅到房间，随处可见寓意深刻的格言。在景区内漫步，时不时有几句格言映入眼帘，脑子就会像被智者点拨一样，或沉思，或顿悟，或大笑。

（4）客家饮食文化令人垂涎。雁南飞在对传统客家菜不断进行改进创新的同时，融入茶的内容，形成自己的特色，创造出了全新的"宫廷极品"系列——茶情碧绿鲍片、茶情浓鸡汁炖官燕、茶情夏威夷木瓜炖翅、茶情佛跳墙等茶田特色菜式，既使客家美食与中国茶文化相互交融，又让饮食文化与养生之道完美结合，提升了景区的文化品位。

（5）客家文化演艺活动深受欢迎。通过雁南飞歌舞艺术团展演客家山歌对唱、表演唱，客家传统民间艺术鲤鱼灯等特色节目，充分展现出客家文化艺术的独特魅力，深受海内外游客欢迎。

9.8.2 可持续发展模式：创意农业+旅游

雁南飞在开发之初，体现了错位发展的思维。把山区绿色生态优势与浓郁的客家文化相结合，使之成为集"三高"农业和旅游度假于一体的旅游景区。雁南飞因山就势，在绿化美化上花尽心思，布局了茶艺馆、度假别墅、围龙大酒店、围龙食府、钓鱼池以及各式景点、雕塑数十处，使雁南飞成为粤东著名景点，从而避开了传统农业发展的老路，也避开了传统旅游开发的老路，为山区旅游综合开发闯出了一片新天地。

为了实现山区开发效益最大化，雁南飞不仅在茶叶方面从种植、加工、包装到销售实现了一条龙，而且将"三高"农业与旅游紧密结合。发展旅游促进了雁南飞茶叶销售，也提高了其知名度，茶叶种植和加工则为旅游直接提供了吸引力。

建立利益相关方的良好分配机制，这也是雁南飞在开发建设中取得成功的重要保证。雁洋镇长教村是雁南飞茶田景区所在地，十多年前，这里贫穷落后，而今这里的农民已"洗脚上田"，每个月领着工资，享受着完善的社会保障，进入了"小康时代"。雁南飞还带动长教村农户发展茶叶生产，增加农民收入。雁南飞这种以点带面、共同富裕的生产方式，不仅延长了传统农业的产业链，而且协调了雁南飞与当地农民的利益关系，保证了雁南飞的健康发展。

本章参考文献

[1] 奥林匹克公园百度百科[EB/OL].

http://baike.baidu.com/link?url=I6EhkJdjdFkRoOdxmj3wF1253LrPO6s19eTDQxT__JmDdzHcbLaFwulB0DM4Ivyn.

[2] 孙静.黄轶涵.西溪湿地设立创5A先锋岗[N].今日早报，2011-10-03（03）.

[3] 杭州西溪国家湿地公园力推景区创建5A级[EB/OL].腾讯旅游华东频道.2011-07-01. http://www.itravelqq.com/2011/0701/157529.html.

[4] 回首西溪湿地成功晋级全国首个5A级湿地公园之旅[EB/OL].西湖网.2012-01-13. http://iptvlm.zjol.com.cn/05iptvlm/system/2012/01/13/018143033.shtml.

[5] 西溪湿地为打造国家5A级景区创建工作全面展开[EB/OL].杭州日报网.2010-11-26. http://www.lvmama.com/guide/2010/1126-64584-1.html.

[6] 李莹,李锦让,翁尚华.开发模式：跳出旅游做旅游——雁南飞创5A成功启示录之五[EB/OL]. 梅州日报.2011-03-03. http://www.meizhou.cn/news/1103/03/11030300009.html.

[7] 创5A，古城加大精细化管理[EB/OL].中国丽江旅游网. 2010-09-13.http://www.ljta.gov.cn/html/lvyoudongtai/lijiangdongtai/20100913/9144.html.

图书在版编目（CIP）数据

A级旅游景区提升规划与管理指南 / 大地风景国际咨询集团，中国旅游报社编著 . — 北京：中国建筑工业出版社，2015.4

ISBN 978-7-112-18065-3

Ⅰ.①A…　Ⅱ.①大…②中…　Ⅲ.①风景区规划—中国—指南②风景区—服务质量—质量管理—中国—指南　Ⅳ.①F592-62

中国版本图书馆CIP数据核字（2015）第078466号

责任编辑：焦　扬
责任校对：张　颖　关　健

A级旅游景区提升规划与管理指南

大地风景国际咨询集团
中 国 旅 游 报 社　编著

*

中国建筑工业出版社出版、发行（北京西郊百万庄）
各地新华书店、建筑书店经销
北京京点图文设计有限公司制版
北京京华铭诚工贸有限公司印刷

*

开本：787×960 毫米　1/16　印张：13¼　字数：201 千字
2015 年 5 月第一版　2018 年 3 月第三次印刷
定价：56.00元
ISBN 978-7-112-18065-3
　　　（27303）